AF346697

MÉMOIRE-PROPOSITION

AU CABINET DE FREYCINET

1891

PAR

Maurice DEUTSCH

MÉDECIN

PARIS

Imprimerie et Librairie administratives et des Chemins de fer

PAUL DUPONT

4, rue du Bouloi, 4

—

1891

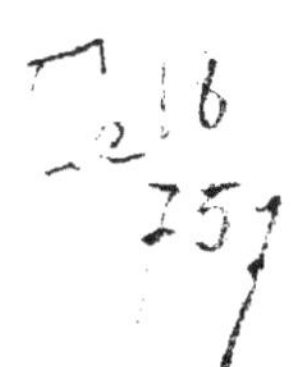

PRÉFACE

Messieurs les Ministres, en publiant dans une collection une partie des résultats mémorables, obtenus dans ma pratique privée par l'application du système de mon invention, je n'ai d'autre but que de fournir aux Pouvoirs Publics de la France des preuves éclatantes, que je possède les moyens de rendre à l'humanité des services, dont en premier lieu bénéficierait la France, et à l'importance desquels nulle autre découverte faite ou à faire pourrait prétendre par la simple raison, qu'il ne s'agit pas dans mon cas de progrès, qui ont pour but d'augmenter les facilités du travail ou les commodités de la vie humaine, mais bien de la vie elle-même sans laquelle toutes les inventions restent un bien stérile, et la découverte de nouveaux continents, faute d'habitants à les peupler, une multiplication de déserts. Mais mon système donne plus que la vie : il épargne aux souffrants les tourmentes, qui font préférer la mort à la vie et bien des fois conduisent aux suicides.

Et ces témoignages, provenant de sources privées, et en partie de personnages ayant une situation officielle, ou ayant subi des traitements dans des hôpitaux civils et militaires avant d'avoir eu recours à mes services médicaux, obtiennent un puissant appui préjudiciel par les documents noso-comiaux, décernés par les hôpitaux de Romorantin, de Cleveland (États-Unis de l'Amérique du Nord), et les deux plus grands Établissements sanitaires de Rome ; mais n'auraient-ils pas ces grandes sanctions et ne posséderaient-ils pas une plus haute garantie de véracité dans mes dispositions morales innées et dans mes principes philosophiques aussi inébran-lables que le stoïque du poète romain dans l'écrou-lement universel du monde moral d'aujourd'hui : qu'ils les trouveraient surabondamment dans les Certificats nosocomiaux de Padoue, Venise, Prague et Vienne, qui tous témoignent de ma propre maladie pulmonaire chronique, remontant à l'année 1826 et provenant d'une fièvre typhoïdo-pneumonique, laissant après sa guérison des germes d'une *tubercu-lose,* qui s'était manifestée quatre années plus tard, et qui avait creusé mes poumons et miné ma santé au point que, espérant un soulagement du doux climat d'Italie, j'avais choisi la Ville universitaire de Padoue, pour y continuer mes études médicales, mais où en 1841 mon état avait tellement empiré, que sur le conseil de mon compatriote, le Dr. Steer, mon Professeur en Pathologie et Pharmacologie, je m'étais fait admettre dans la Clinique, où d'un jour à l'autre on s'attendait comme moi-même à ma mort, mais à laquelle je n'avais échappé qu'en obtenant sous un prétexte plausible, mais vrai, du Médecin Assistant, le Dr. Pedroni, mon transfèrement dans une petite chambre à deux lits, à ce moment inoccupée. Soustrait ainsi aux regards de témoins, j'ouvris chaque nuit, lorsque tout le monde dormait, la fenêtre qui se trouvait contre le pied de mon lit et donnait sur le Canal de la Brenta, pour y jeter des paquets de poudres, que j'avais cachés sous mon oreiller, chaque fois que l'heure de la médication était arrivée; et grâce à cette abstention mes forces revenaient après un certain temps dans une mesure suffisante pour pouvoir quitter l'hôpital de Padoue et me rendre à Venise pour entrer dans l'Hôpital Général et jouir pour mon grand profit de l'air salé de cette magnifique Cité des lagunes. Mais tout en séjournant dans l'hôpital pour y jouir de ses avantages gratuits, je ne touchais pas aux médicaments qui me furent ordonnés et refusais, en outre, les saignées, comme à Padoue je m'étais opposé aux cautères perpétuels, mais acceptais les bains journaliers, qui harmonisaient avec mon état d'alors, et sortais deux fois par jour, pour faire préparer au Café de la place St-Marc une certaine décoction, et pour m'y faire servir contre les crachements de sang des sorbets de vanille.

Mais en dehors des quatre hôpitaux mentionnés, je fus traité pour la même maladie aussi dans un hôpital de Pest pendant plusieurs mois; mais le certificat respectif est resté entre les mains de l'Autorité académique, à laquelle il avait été remis avec la pétition sollicitant l'autorisation de passer les examens hors de l'époque normale. Mais, par contre, mes documents philosophiques, pour donner les motifs de quelques-uns des examens passés hors du concours et pour expliquer l'absence du numérotage dans la classification, leur assignent pour cause la maladie dans différentes rubriques; et pour répondre de tout ce qui sort de ma plume, je désire mettre à la disposition de Monsieur le Ministre des Affaires Étrangères en même temps que les originaux des documents imprimés, ceux des Certificats d'examens des Cours philosophiques et ceux de la troisième et quatrième année de Médecine qui ajoutent leur témoignage concernant ma maladie pour des motifs différents et par des formules inégales. Les Certificats philosophiques emploient tantôt la formule : *ob æritudinem probatam tardius examinatus*, et tantôt la même formule sans le terme *probatam*. Dans le Certificat de la troisième année de Médecine, où le Concours n'a pas lieu comme dans les écoles inférieures, le motif manque, pour dire que les examens ont eu lieu hors de l'époque normale, mais mes absences dans les heures des lectures sont expliquées dans la rubrique : *degré d'application*, par la phrase, *Negligente per lunga malattia* (négligent pour cause de longue maladie), comme dans la rubrique correspondante du Certificat de la quatrième année de Médecine, le degré d'application, concernant l'intervention dans les Cours de la Chirurgie, est qualifié par le mot unique : *Negligente*, attendu que je n'étais pas alors couché dans un hôpital, mais la terrible dyspnée que j'éprouvais dans les agglomérations des Salles de lecture, m'avait imposé ces absences.

Le Certificat de maladie de l'Hôpital Général de Prague, daté de 1845, a d'autant plus d'importance qu'il en résulte, comme aussi du Certificat de l'Immatriculation, portant la date de 1844, qu'il court un intervalle de deux ans entre les cours de la quatrième et de la cinquième année de Médecine, toujours occasionné par la même cause, mais laquelle j'ai à cœur d'expliquer dans ses détails. A l'Université de Padoue les inscriptions se faisaient d'un mois plus tard que dans les autres Universités austro-hongroises, mais aussi les cours finissaient d'un mois plus tard et, par conséquent, aussi les examens. En retournant dans ma Patrie, ma maladie se ressentit fortement des fatigues du voyage par terre et par mer et de la poussière des routes sablonneuses, et j'avais le besoin de me reposer chez mes parents à Veszprém ; et il arriva ainsi qu'au retard, occasionné par la différence dans les époques de fin d'année, s'ajoutait encore celui qui résultait de mon séjour prolongé dans ma ville natale, imposé par mon état délabré. Mon inscription à l'Université de Pest pour les cours de la cinquième année de Médecine, que je fis faire par des amis, lorsque la période normale avait été close, ne fut donc accordée que conditionnellement et en faisant dépendre sa validité des résolutions du Gouvernement hongrois ; mais lorsque celui-ci, à la suite de mon recours, se fit faire un rapport par l'Autorité académique, il lui fut répondu, que je manquais à l'appel, quand mon tour d'accepter des malades était arrivé, et à la suite de ces renseignements mon inscription fut invalidée et la perte de l'année en fut la conséquence. L'inscription fut donc renouvelée l'année suivante, mais la lutte avec ma maladie ne me permit pas de me présenter suffisamment préparé pour les examens de fin d'année ; et comme l'état de ma santé allait toujours en empirant, et comme je ne voulais pas quitter la terre sans avoir publié mes poèmes qui portent le titre « *Chansons d'un mineur de trésors* » et qui dans le poème « Au Lecteur » annonce l'approche de ma mort, je me rendis à Prague, pour y prendre mes inscriptions, et pour être plus près de l'endroit où, vu l'impossiblité de publier cet ouvrage sous l'empire de la censure austro-hongroise, je pouvais arriver à mon but sous la protection de la loi fédérale de l'Allemagne, qui exemptait de la censure préalable les livres qui comptaient plus de 360 pages.

Mais avant de me rendre à Hambourg et de là à Altona, qui alors, bien que ville fédérale, appartenait au Danemark et où, en 1847, mes poèmes furent publiés, je fus traité pour ma maladie dans l'Hôpital Général de Prague pendant le temps qui est indiqué dans le Certificat respectif, par le célèbre *Oppolzer*, qui, avant d'être appelé à Vienne, fut mon Professeur à Prague et me fit prendre durant mon séjour dans la section Krompholz, destinée par testament au traitement des médecins malades, l'acidule eau minérale de Gieszhübel, laquelle avait réellement réussi de relever mes forces et de me faire traîner mon existence jusqu'à l'époque, où j'ai fait la découverte de mon propre systeme.

C'est dans ce même livre, dont je parle plus haut, qu'est renfermé le poème, qui a pour sujet le voyage sur le Danube pour me rendre de Pest à Prague, et que figure aussi celui qui porte le titre « A Victor Hugo », que j'avais composé lorsque j'attendais ma mort, et publié en traduction à Paris lors de mon retour d'Amérique et ma subséquente arrivée dans la Capitale de la France, et dont j'avais renouvelé l'impression à l'occasion des funérailles de l'immortel poète.

Et voilà l'ordre logique des événements, déter-
minés par ma maladie, expliqué et corroboré par
les documents qui suivent, comme par ceux qui sont
en ma possession et à la disposition des organes du
Gouvernement, et ainsi aussi l'existence de l'état
physique de mon organe respiratoire démontrée avec
la dernière évidence ; et voici maintenant dans leur
ordre chronologique les certificats des hôpitaux de
Padoue, Venise, Prague et Vienne en traduction
française, et chacun suivi de près par l'original cor-
respondant.

Certificat-Traduction
de l'Hôpital de Padoue

Hôpital civil de Padoue. — Il est déclaré de la part du Registrant d'acceptation soussigné du sus-nommé Hôpital que le nommé M. Deutsch Maurice, étudiant en médecine, entré le jour du 6 Juin 1841, est sorti le jour du 23 août 1841 comme dit dans le Bulletin d'acceptation n° 1301. Padoue, le 12 Septembre 1842. Le Registrant d'acceptation Signé : L. Pignolo, m. p. |L.S.|

Certificat-Original de l'Hôpital de Padoue

Ospitale Civile di Padova. — Si dichiara dal sotto-scritto Registrante d'accettazione dello Spedale sud-detto che il nominato S. Deutsch Maurizio, Studente di Medicina, entrato il giorno 6 Giugno 1841, è uscito il giorno 23 Agosto 1841 come da Boileta di accetta-zione N° 1301. Padova, il 12 Settembre 1842. Il Registrante d'accettazione. Signé : L. Pignolo, m. p. |L.S.|

Certificat-Traduction
écrit de l'Hôpital Général de Venise

(Le Certificat *écrit* avait sa raison dans la circonstance que le Gouverneur Général de la Lombardo-Vénétie, pour accorder les examens hors de la période normale, exigeait la désignation de la maladie, qui m'avait empêché de me présenter à l'époque normale, mais qui n'est pas mentionnée dans les Certificats imprimés.)

On certifie que M. Maurice Deutsch, Hongrois, étudiant, âgé de 27 ans, a couché dans cette Division du jour du 25 Août p. p. jusques aujourd'hui, le 28 Octobre, afin d'être traité pour *lente pneumonie tuberculeuse avec crachement de sang*, dont il est affligé depuis plusieurs années, et qu'il en sort dans une telle condition, qu'il peut être regardé comme notablement amélioré. — Les présentes sont délivrées sur la demande du susnommé M. M⁰ Deutsch. — Venise, le 28 Octobre 1841. De la Division Médicale pour les hommes de l'Hôpital Civil Provincial. Pour le Médecin en Chef, Signé : Dʳ Mantovani. [L.S.]

Certificat-Original
écrit de l'Hôpital Général de Venise

Si certifica che il Sigʳᵉ *Maurizio Deutsch*, Ungarese, studente, di anni 27, decombette in questa Divisione dal giorno 25 Agosto p. p. sino al giorno d'oggi, 28 Ottobre, onde essere curato da *lenta pneumonite tubercolare con emottisi*, di cui da parecchi anni è afflitto, e che ne esce in tale condizione da ritenerlo migliorato notevolmente. Il presente si rilascia ad inchiesta del suddetto Sigʳᵉ Mᵒ Deutsch. — Venezia, il 28 Ottobre 1841. Dalla Divisione Medica Maschile dell' Ospedale Civile Provinciale. Per il Medico Primario, Signé : Dʳ Mantovani. [L.S.]

Certificat-Traduction
imprimé de l'Hôpital Général de Venise

(Je fais observer que le Certificat imprimé a été retiré par moi après la sortie des Autrichiens de la Province Vénitienne en 1866.)

Par l'Hôpital Civil Général de Venise,

Il est déclaré que Monsieur *Deutsch Maurice*, entré dans l'Hôpital le jour du 25 Août 1841, est sorti de l'Établissement le 28 Octobre 1841. — Venise, le 6 Novembre 1866. Le Registrant. (Signé illisiblement) [L.S.] — Vidimé, Signé : D' Nardo, Directeur [L.S.]

Certificat-Original
imprimé de l'Hôpital Général de Venise

Per l'Ospedale Civile Generale di Venezia,

Si dichiara che il Sig' Deutsch Maurizio entrato nell'Ospedale nel giorno 25 Agosto 1841 è uscito dallo Stabilimento il 28 Ottobre 1841. — Venezia, il 6 Novembre 1866. Il Registrante. (Signé illisiblement.) [L.S.] — Vidato, Signé : D' Nardo, Direttore. [L.S.]

Certificat-Traduction
de l'Hôpital de Prague

M. Maurice Deutsch, médecin dans la 5ᵉ année, a couché depuis le 7 Août jusqu'au 11 Octobre 1845 comme malade dans l'Hôpital Général de cette ville. — Prague, le 8 Mai 1846. — Ad P. nᵒ 4064. — L'Administrateur. Signé : (Illisiblement).

Certificat-Original
de l'Hôpital de Prague

Hr. Moritz Deutsch, Mediziner im 5ten Jahre lag vom 7tem August bis 11ten October 1845 im hierortigen allegemeinen Krankenhause krank. — Prag, am 8ten Mai 1846. — Ad P. nᵒ 4064. — Amtsverwalter. Signé : (Illisiblement). [L.S.]

Certificat-Traduction
de l'Hôpital Général de Vienne

CERTIFICAT MÉDICAL

Par lequel il est certifié que M. Maurice Deutsch, Médecin licencié, de Veszprém, en Hongrie, affecté avec une *tuberculose pulmonaire* très avancée et souffrant d'une souvent retournante *toux avec crachement de sang*, se trouve dans la nécessité d'échanger son climat natal contre un méridional, et de choisir nominativement Nice aux fins d'adoucissement et d'amélioration de son état. — Vienne, le 3 Février 1854. Signé : D⟨r⟩ *Fromer*, cm. Médecin en second à l'Impérial Royal Hôpital Général. — Le $\frac{6}{2}$ 1854. Le même corrobore. Signé : (nom de baptême illisible) *Skoda*, Prof. de la Clinique médicale. — L'affection de la poitrine de M. Maurice Deutsch est confirmée de la part du soussigné. Vienne, le 9 Février 1854. Signé D⟨r⟩ *Bernt*, Conseiller médicinal imp. roy. — *Vertatur* : L'authenticité de la signature ci-contre de M. le Professeur (nom de baptême illisible) *Skoda* est par ceci corroborée. Du Collège des Docteurs de la Faculté de Médecine. Vienne, le 8 Février 1854. Signé (Illisiblement), Notaire de la Faculté de Médecine. [L.S.]

Certificat-Original
de l'Hôpital Général de Vienne

AERZTLICHES ZEUGNISZ

Womit bestaetigt wird, dasz Hr. Moritz Deutsch, absolviter Hörer der Medicin, aus Weszprim, in Ungarn, mit einer sehr vorgeschrittenen *Lungen-tuberculose* behaftet, und an einem haeufig wiederkehrenden *Bluthusten* leidend, sich in der Nothwendigkeit befindet, sein heimatliches Klima mit einem südlichen zu vertauschen und um Linderung und Besserung seines Zustandes namentlich Nizza zu seinem laengeren Aufenthaltsorte zu waehlen. — Wien, den 3ten Feber 1854. Signé : Dr Fromer, em. Secundaerarzt im k. k. allgemeinen Krankenhause. — Den $\frac{6}{2}$ 1854. Dasselbe bestaetigt, Signé : (prénom illisible) *Skoda*, Prof des medizinischen Klinik — Wird das Brustleiden des Hrn. Moritz Deutsch von Seite des Gefertigten bestaetigt. Wien am 9ten Feber 1854. Signé : Dr Bernt, k. k. Kreis-Medicinalrath. — *Vertatur* : Die Aechtheit der vorliegenden Unterschrift des Hrn. Professors (lettre illisible) *Skoda* wird hiemit bestaetigt. Vom Doctoren-Collegium der medizinischen Facultaet. Wien, am 8ten Feber 1854. Signé : (Illisiblement) Notaer der medizinischen Facultaet. [L.S.]

Mais à ces témoignages irrécusables, et contrôlables par les moyens notoires, qui sont aujourd'hui à la disposition des hommes de l'art de guérir pour vérifier l'état des poumons, s'ajoute un phénomène matériel, discernible pour chacun qui a la jouissance de la perception visuelle, et qui consiste dans la présence des vestiges, qu'a laissés sur ma poitrine l'application de *l'onguent d'Autenrieth,* ordonné par mon Professeur en Anatomie, le *Dr Chausz,* il y a cinquante-trois ans.

Et comme l'exemple de ma guérison est sans précédent, et comme aucun cadavre d'un phtisique ne pourrait offrir un état de ravages dans l'organe de la respiration comme celui qui existe dans mon corps vivant et qui pourtant me permet de vivre grâce à ma méthode de traitement que je continue encore aujourd'hui : le Gouvernement, en considération de l'immense intérêt qu'a le sujet traité ici tant au point de vue national comme au point de vue moral et humanitaire, ne devrait pas hésiter un moment de me prendre sur le fait et de faire examiner mon état physique par une Commission nommée *ad hoc.* Ayant aujourd'hui, et cela depuis le mois de Février 1890, l'âge de 77 ans révolus, et étant dans tous les cas près de ma tombe, et vu, en outre, l'invraisemblance qu'il arrivera une deuxième fois dans l'histoire du genre humain, qu'il plaira à la Providence de concentrer dans une et même main un faisceau des découvertes thérapeutiques, qui agissent souverainement sur toutes les maladies aiguës et sur la grande majorité des affections chroniques les plus invétérées, et qui seraient même inconnues, lorsque les maladies primitives pourraient dès leur commencement être traitées d'après mon système, lequel n'engendre pas des métastases : il serait désirable que le Gouvernement français voudrait bien faire une exception pour un sujet exceptionnel et s'inspirer de toutes les considérations que suggèrent les grandes et concordantes données des témoignages de toute nature, décernés par les hôpitaux et des clients reconnaissants et inspirés de sentiments bienveillants pour la souffrante humanité, — des clients qui, plus heureux que le Duc de Gênes, le Roi Victor-Emmanuel, l'Archiduc Étienne et l'Impératrice de Russie, ont été sauvés de maladies identiques et même plus graves, — des clients qui, plus fortunés que le frère du Roi Humbert, l'Ambassadeur français à Rome et les autres innombrables victimes de l'épidémie de 1889, ont sans exception et après un très court traitement recouvré leur complète santé, bien que parfois attaqués des plus violentes formes d'Influenza, — des clients qui, plus favorisés par le sort que le jeune héritier du Roi des Belges, ont été guéris d'hydropisies chroniques et fort graves, — des clients qui ont 80 ans révolus et qui vivent sous mon traitement avec des maladies, qui ont emporté

dans leur âge viril le Professeur-Député Liou-
ville et le Professeur-Sénateur Broca, précisé-
ment devenu célèbre par son ouvrage sur l'espèce
de maladie de cœur, qui fut la sienne ; des clients
comme le *Rédacteur en chef du « Petit Rouennais »*
qui, *renvoyé en 1870 de son Régiment pour cause de
maladie organique du cœur,* est par mon traitement
guéri depuis 1877 et père d'une nombreuse et vigou-
reuse progéniture masculine, et qui à sa propre
satisfaction ajoute encore la joie d'avoir vu guérie par
moi à la même époque sa sœur puînée, affectée
depuis son enfance d'une maladie de cœur et vainement traitée par de nombreux médecins allopathes
et homœopathes, comme le dit le Certificat de son
père, ancien Commissaire de Police.

La Ville de Paris offre chaque semaine le triste
spectacle de voir disparaître un grand nombre de
pauvres petits, succombant par les différentes formes diarrhoiques, et de glorieux certificats montrent,
combien la dépopulation de la France, elle qui a
tant besoin de défenseurs, serait diminuée et combien d'afflictions privées épargnées par l'application
de mes anti-diarrhoiques. Ils montrent encore, que
les Gouttes et les Rhumatismes les plus invétérés
cèdent à ma méthode et disparaissent radicalement,
et avec l'avantage additionnel, que l'entier organisme
tire des profits simultanés du même traitement, tandis que le système officiel, s'il arrive à soulager, fait

tôt ou tard disparaître le malade par des métastases.

Mes documents hospitaliers et privés prouvent encore que les fièvres Européennes, Algériennes et Sénégaliennes disparaissent avec leurs complications les plus dangereuses, et pour toujours, après un court traitement avec mon *Antifébrile*; ils prouvent combien la colonisation serait facilitée et combien des pertes épargnées aux garnisons, que le service colonial tient loin de leurs chéris craintifs et avides de consolantes nouvelles.

Puis-je négliger de rappeler ici la grandeur de mon *Antivariolique*, dont l'action unique et infaillible est attestée par un document d'un hôpital américain, destiné à l'exclusif traitement des varioleux, ou d'appeler tout particulièrement l'attention sur la *Cure Vallée et les deux Visum Repertum, qui accompagnent le Certificat et émanent du Dr. Prengrueber, chirurgien des Hôpitaux de Paris*. Et devrais-je m'abstenir de parler de cette méthode, qui guérit les maladies ophtalmiques, rebelles aux méthodes officielles, et les cécités, qui sont les résultats des opérations, ayant pour but de les prévenir? Qu'on consulte à cet égard les déclarations d'un octogénaire, et celles que fait un client, âgé de 78 ans, et qu'on examine avec attention tous les aveux, renfermés dans différents Certificats et faisant allusion aux effets qu'ont éprouvés ou des aveugles, ou ceux qui avaient leur organe de la vue affecté d'une autre manière : et on gagnera la conviction, que les Etablissements des Aveugles cesseraient d'avoir leur raison d'être, et que avec eux disparaîtraient aussi les énormes budgets que réclame leur maintien, dès le moment que mon système curatif, qui guérit sans toucher l'organe de la vision, passerait dans la pratique générale.

Je n'ai parlé jusqu'ici que de maladies, dont parlent les Certificats publics et privés ; mais il y en a d'autres, qui forment au moins un cinquième des affections, pour lesquelles les traitements en usage sont délétères, et que je guéris radicalement sans détriment pour la santé future des clients. Mais il y a encore la terrible série des accidents, qui demandent un traitement extérieur ; non seulement l'infortunée classe ouvrière, mais l'armée elle-même gagnerait énormément d'être traitée par mon système pour des lésions traumatiques de toute nature. La démonstration est facile à faire sur des bêtes, et on n'a qu'à me fournir l'occasion, pour se rendre compte de la nature de mes assertions. Et je demande ici la permission, de parler de deux faits, qui remontent à l'année 1857, mais qui sont, comme tout ce qui sort de ma bouche ou de ma plume, des vérités célestes, et qui peuvent aussi être autrement établis, si les personnes ou leur ancien entourage sont encore en vie.

J'avais guéri à Montrouge un sergent de ville, Alsacien, d'une affection chirurgicale sur un des pieds; le hasard fit, qu'il avait une compatriote, marchande de vin, établie à Montrouge, qui donnait le lait à son enfant d'un sein seulement, le sein droit ayant été entièrement noir et dur comme du fer. Les médecins avaient proposé une opération et il est facile à deviner ce qui serait arrivé, si la malheureuse avait consenti. Le sergent de ville en question lui avait proposé de me consulter, et en voyant le cas, je lui donnai l'assurance, qu'elle serait promptement guérie par moi, sans lui causer du mal; je trempai mon pinceau dans une de mes teintures, et je ne touchai que l'endroit qui n'était pas encore gangréné. Je répétai cette opération pendant quatre jours, et chaque matin, à mon arrivée, je constatai un nouveau rétrécissement de la couleur noire, et son remplacement par un cercle blanc, et un ramollissement dans les parties durcies. Mais le cinquième matin, lors de mon arrivée, la femme criait horriblement en me maudissant; je la calmai, en lui disant que c'est la maturation intérieure qui fera une ouverture, par laquelle sortira la matière purulente. Le lendemain ma prédiction s'était changée en fait accompli, les douleurs avaient totalement cessé, et je ne touchai plus le sein avec le pinceau, mais ordonnai deux injections à faire chaque jour, et de cette façon le quinzième jour le sein fut blanc comme la neige, guéri et ayant sa souplesse naturelle et la surface sans cicatrice. C'est cette même opération que j'avais faite, avant mon exil, au cocher de mon beau-frère, dont la jambe fut mise dans un terrible état par la roue, qui lui avait passé sur la jambe. C'était une affaire encore plus horrible, que celle du sein de la femme de Montrouge, et pourtant la guérison, par le même procédé, fut effectuée en 12 jours sans cicatrice.

Eh bien! la cure de Montrouge avait pour conséquence un fait qui semblait destiné à faire ma fortune, mais mon espoir ne s'était pas réalisé. Voici ce qui était arrivé : La femme du sergent de ville qui servait de modèle au célèbre peintre, le baron Wappers, lui parla de moi pour l'engager de se faire traiter par moi pour sa jambe droite, qui était enflée et douloureuse, et le fit boiter depuis trois ans. Par mes questions et les réponses du baron, il devint clair pour moi que c'était un traitement intérieur, à cause de son état hémorrhoïdal; néanmoins, je disais qu'un traitement extérieur pourrait accélérer l'effet d'un traitement intérieur. Il consentit d'essayer le traitement extérieur d'abord, et tout de suite après l'application de mon pinceau, il pouvait circuler sans boiter et sans éprouver des douleurs. Le lendemain, je le revoyais dans son atelier, place Pigalle, où j'appris que le mieux avait duré trois heures et avait cessé après. Cette fois je renouvelais l'application dans la présence du célèbre peintre *Isabey*, et lorsque celui-ci vit le baron subitement quitte de son mal et plusieurs fois traverser le salon sans boiter, il fut pris d'étonnement et me dit : « Si vous pouvez faire de telles choses, vous serez bientôt plus riche que Rothschild ». Le baron me demandait alors si le traitement intérieur aurait une action quelconque sur ses hémorrhoïdes, et je lui répondis affirmativement, mais en ajoutant que l'action ne serait que bienfaisante. Le troisième jour, il me disait que le médecin avait dissuadé sa femme de permettre un traitement intérieur, qui pourrait jeter le sang hémorrhoïdal sur des organes plus nobles ; et comme je n'osais pas continuer le traitement extérieur sans pouvoir intérieurement agir sur la source du mal, tout était fini. Mais dans cette connexion, je me permets, Messieurs les Ministres, d'appeler votre attention une deuxième fois sur le grand cas *Vallée* décrit par le docteur Prengrueber, et qui a été traité extérieurement dans l'hôpital, mais a été guéri par moi par un traitement intérieur, nonobstant son apparence de maladie extérieure.

Et cet homme, Messieurs les Ministres, dont d'un moment à l'autre on attendait la mort à la Clinique de Padoue en 1841 et survit, grâce à son propre système, à toutes les misères engendrées par la nature, l'exil et les crimes de ses ennemis politiques,

— cet homme dont le cœur bat pour Votre Patrie

avec des sentiments au moins égaux à ceux, qui avaient animé les héros ou les patriotes, aux glorieux cadavres desquels vous ne cessez pas d'ériger des monuments en marbre et en bronze : Vous le laisserez descendre dans la tombe sans le *monumentum ære perennius* d'avoir doté la France et le genre humain des moyens en sa possession, qui aux ascendants peuvent épargner l'affliction de voir descendre prématurément et avant eux-mêmes, les chéris, que nulle joie sur la terre ne peut remplacer dans leurs âmes inconsolables ? Et ces pauvres petits, qui vous manqueront, en outre, au jour du danger commun, n'éveilleront pas vos réflexions patriotiques ? Vous détournerez vos regards aussi de vos possessions coloniales, dont la plus proche de vous pourrait par un seul de mes remèdes être convertie en paradis terrestre et dominer par sa vigueur, ses habitants multipliés par de vrais Français, et son rayonnement sur toute l'Afrique, qui dans ce moment est devenue pour Vous le danger, prophétisé dans mon « *Fiat Lux* ». et tout cela parce que l'intérêt de têtes couronnées, qui méditent sans relâche Votre ruine perpétuelle tout en Vous flattant, s'est senti blessé et démasqué par mes révélations véridiques, dont fourmille le livre cité, et qu'il cherche un remède et un abat-jour en me discréditant et en Vous envoyant sous différents prétextes des Rois-Ambassadeurs et des Reines-Ambassadrices, aidés par des

Financiers cosmopolites, pour ameuter par leurs grands moyens Ciel et Terre contre moi? Non! ma foi dans l'existence d'une justice éternelle, représentée sur notre terre par des âmes généreuses, n'a pas cessé, et d'autant moins que je dois mon salut inespéré à des cœurs incomparables, qu'ont fait naitre le ciel et le sol d'Italie et qui m'ont arraché aux griffes criminelles, que l'aigle à double tête avait étendues envers moi jusque dans mon exil à Turin, en risquant leurs propres intérêts; et c'est cette grande manifestation de la noblesse de l'âme humaine, qui ranime en moi l'espoir, Messieurs les Ministres, que ces esprits distingués trouveront des imitateurs dans le Pays, pour lequel j'ai sacrifié tous mes intérêts terrestres et auquel je ne demande que protection qui ne coûte pas, et faveurs qui profitent à lui-même.

Mais avant de finir, Messieurs les Ministres, je dois à moi-même, de ne pas laisser exister certains doutes et d'expliquer les absences sur trois Certificats de Paris des signatures réglementaires de deux témoins. Une vraie conspiration s'était nouée contre moi, pour me refuser les Légalisations. C'est M. le Maire du 11ᵉ Arrondissement, qui avait commencé à donner l'exemple, en refusant le témoignage de deux honorables fabricants et la légalisation elle-même; cette dernière, cependant, fut faite le lendemain par M. le Chef du Bureau, qui connaissait personnellement la Signatrice, guérie par moi. — La Mairie de Passy avait refusé net les témoins patentés, et pour ensuite discréditer la signature du Certificateur, qui est un ancien officier pensionné, on légalisait « la *matérialité de la Signature,* » c'est-à-dire, après avoir refusé les témoins, la certification fait planer le doute sur l'identité du signataire. — Il y a, enfin, un troisième Certificat, celui de Mr. Grosjean (Isidor), où ne figurent pas des témoins, mais par des raisons légitimes, et qui font honneur à Celui qui les a rendues superflues : c'est que l'honorable Adjoint au Maire du 4ᵉ Arrondissement lui-même, M. *Faillot,* a fait légaliser la signature de son employé, guéri par moi à l'époque de l'Influenza.

Paris, Septembre 1891.

MAURICE DEUTSCH, Médecin,

10, Rue Manuel, Paris.

CERTIFICAT GUILLAUME

(Cure de fièvre chronique réfractaire, accompagnée de violentes attaques névralgiques du côté de l'estomac et du foie.)

Je soussigné, *Jean-Claude Guillaume*, traiteur, demeurant Rue Basse-Saint-Jean, N° 17, déclare sur ma conscience que, après avoir subi, il y a plus d'un an et demi, la fièvre typhoïde, je continuai de souffrir d'une fièvre intermittente, à laquelle dans des intervalles libres s'associaient de violentes attaques névralgiques dans les régions de l'estomac et du foie, qui continuaient toujours, et m'obligeaient de me tordre sur la terre ; — que, après avoir eu recours à l'art de plusieurs médecins, les accès de la fièvre ont cessé depuis que j'avais pris la première cuillerée du « Baume antifébrile » du médecin hongrois, M. Maurice Deutsch qui m'en a administré quatre onces, et que, en outre, les attaques névralgiques suscitées ont été vaincues par d'autres remèdes par lui ordonnés, au point que depuis vingt un jours j'ai cessé d'en souffrir. Châlons, le 8 Décembre 1860. Signé : *Guillaume*.

Vu pour légalisation de la Signature du sieur Guillaume Jean-Claude, traiteur, domicilié en cette ville, apposée ci-dessus. Châlons, le huit décembre 1860, Pour le Maire, l'adjoint, Signé : Bornot. |L.S.| — Vu par Nous, Préfet de la Marne pour légalisation de la Signature de M. Bornot, adjoint au Maire de la ville de Châlons le 15 avril 1861. Pour le Préfet : Le Conseiller de Préfecture, Secrétaire Général. Signé illisiblement. |L.S.|

CERTIFICAT LEMALICIEUX

(Cure d'une fièvre récidive, et de douleurs hépatiques et splénitiques de quatre ans de durée.)

Je soussigné, *Charles Lemalicieux*, aubergiste, rue de Marne, n° 111, à Châlons-sur-Marne, déclare solennellement et jure qu'au commencement de Juin 1861, je souffrais d'une fièvre intermittente de la durée de quelques jours, mais accompagnée de points dans le foie et la rate, que j'avais contractés, il y a quatre ans, par une fièvre de la même nature et qui ne m'avaient pas quitté depuis cette époque ; et que, ayant eu recours au « baume antifébrile » du médecin hongrois, M. Maurice Deutsch, demeurant rue Saint-Jacques, n° 20, j'ai acquis, après quelques jours de traitement, ma parfaite santé, qui, depuis, n'a jamais été altérée. Châlons-sur-Marne, le 13 Septembre 1861. Signé : *Charles Lemalicieux*

Vu pour légalisation de la Signature de M. Charles Lemalicieux, domicilié en cette ville, apposée ci-dessus.

Châlons, le 13 septembre 1861. Pour le Maire : l'adjoint, Signé : Bornot [L.S.] — Vu pour légalisation de la Signature de M. Bornot, adjoint au Maire de la ville de Châlons. Châlons, le 9 octobre 1861. Pour le Préfet de la Marne. Le Conseiller de Préfecture, Secrétaire Général : Signé : Moignon. [L.S.]

CERTIFICAT AUMONIER DUPORCQ
(Cure instantanée de Grippe et Rhume de cerveau.)

Je soussigné, aumônier de l'hospice général de Beauvais (Oise), atteste très volontiers, que M. *Deutsch*, médecin hongrois, m'a guéri, deux fois, presque instantanément, à un mois d'intervalle, et avec une seule potion chaque fois, d'une grippe accompagnée de rhume de cerveau, débutant avec beaucoup d'intensité. — Beauvais, le 9 juillet 1866. — *L'abbé Duporcq*, aumônier à l'hospice, m. p.

Vu par nous, Maire de la Ville de Beauvais pour légalisation de la Signature de M. Duporcq, aumônier de l'hospice général de Beauvais, apposée ci-dessus. En l'Hôtel de Ville, le 9 juillet 1866. Signé : A. Petithomme m. p. [L.S.] — Vu pour légalisation de la Signature de Petithomme, adjoint au maire, commune de Beauvais. Beauvais, le 9 juillet 1866. Pour le Préfet de l'Oise. Le Secrétaire Général. Signé illisiblement. [L.S.]

CERTIFICAT DU DIRECTEUR
DU COURS NORMAL DE L'OISE

(Effets d'un traitement de Rhumatismes très invétérés et de maux d'yeux.)

Je soussigné, Frère *Eugène-Marie*, Directeur du Cours Normal de l'Oise, certifie avoir été traité pendant trois mois par le D' Deutsch, pour affection des yeux, constriction des muscles pectoraux, pour des maux de reins, et que les effets de ce traitement ont été remarquables, surtout pour les deux premières affections. L'affection des yeux est radicalement guérie. Celle des reins date de 1839. — Beauvais, le 5 juillet 1866. Signé : *Frère Eugène-Marie*, directeur, *m. p.*

Vu par nous, Maire de la ville de Beauvais pour légalisation de la Signature du Frère Eugène-Marie, Directeur du pensionnat des frères, apposée ci-dessus. En l'Hôtel de Ville, le 6 juillet 1865. Signé : Bellon, m. p. [L.S.] — Vu pour légalisation de la Signature de M. Bellon, Maire de la commune de Beauvais. Beauvais, le 7 juillet 1866. Pour le Préfet de l'Oise : Le Secrétaire Général délégué. Signature illisible. [L.S.]

CERTIFICAT TELLIER

(Cure d'atroces douleurs rhumatismales d'un Greffier septuagénaire.)

Je soussigné, ancien greffier du Tribunal de Première Instance de Beauvais, âgé de soixante-dix ans, certifie que depuis plus de six mois je souffrais d'atroces douleurs de jambes accompagnées de démangeaisons et de rougeurs, surtout au col du pied de la jambe gauche, qui ne me laissaient de repos ni jour ni nuit, douleurs que j'attribuai à la goutte. C'est en vain que d'après l'avis des médecins j'eus recours à l'application du papier Fayard. J'éprouvais, en outre, sur la poitrine, de temps à autre, un rhumatisme intercostal qui m'ôtait la respiration. Les médecins, que je consultai, me prescrivirent inutilement les frictions du baume Fioravanti et autres; enfin, j'entendis parler, alors qu'ils m'avaient condamné à un repos absolu pendant longtemps, de M. Deutsch, médecin étranger ; je l'appelai et il me donna des soins depuis le 3 Janvier 1866 jusqu'au 3 Mai suivant. Grâce à son traitement j'ai été complètement guéri de la goutte aux jambes et je n'ai plus ressenti mes douleurs rhumatismales à la poitrine. — Beauvais, le dix-sept Juin mil huit cent soixante-sept. Signé : *Tellier*.

Vu par nous, Maire de la ville de Beauvais pour légalisation de la Signature de M. Tellier, ancien *greffier* au tribunal apposée ci-dessus. — En l'Hôtel de Ville, le 17 juin 1867. Signé : Bellon [L.S.] — Vu pour légalisation de la Signature de Bellon, Maire, commune de Beauvais. Beauvais, le 17 juin 1867. Pour le Préfet de l'Oise : Le Secrétaire Général délégué. Signé illisiblement. [L.S.]

CERTIFICAT LEGRAND-BERTIN
(Trois cures, parmi lesquelles celle de Rhumatismes de 18 ans.)

Je soussigné, *Legrand-Bertin*, mercier, demeurant à Beauvais, place de l'Hôtel-de-Ville, certifie que :
1° ma femme souffrait d'un mal au pied, datant de quelques jours, et qu'elle a été guérie par M. Deutsch, médecin, après une seule application sur la partie malade.

2° Que mon beau-père, M. Bertin, rentier, demeurant à Armentières (Oise), souffrant depuis 1848, d'un mal de reins intense et d'un mal au bras, d'origine plus récente, a été radicalement guéri en quelques semaines par le même médecin.

3° Que ma belle-mère, Mme Bertin, était affectée de bourdonnements, qui lui faisaient craindre la perte de l'ouïe, et qu'elle a été également guérie par M. Deutsch. Signé : *Legrand-Bertin*.

Vu par nous, Maire de la Ville de Beauvais, pour légalisation de la Signature de M. Legrand (Hilaire) marchand mercier à Beauvais, apposée ci-dessus. En l'Hôtel de Ville, le 7 juillet 1866. Signé : Bellon [L.S.] — Vu pour légalisation de la Signature de Bellon, Maire, Commune de Beauvais. Beauvais, le 9 juillet 1866. Pour le Préfet de l'Oise : Le Secrétaire Général délégué. Signature illisible. [L.S.]

CERTIFICAT CONTROLEUR GONTIER
(Résultats du Traitement d'une Maladie pulmonaire de quatorze ans compliquée d'une Névrose.)

Je soussigné, *Gontier* (Marius Adrien), ancien Contrôleur de Douanes à Mulhouse, récemment nommé à Strasbourg, y demeurant, place Kléber, N° 31, — certifie, pour rendre hommage à la vérité, que, lorsque j'étais Contrôleur à Mulhouse, M. Deutsch, médecin hongrois, a soigné pendant près de quatre mois ma femme, qui avait été forcée, sur le conseil de ses médecins, d'abandonner l'Ile de la Réunion, son pays natal, pour venir rétablir sa santé en France. — Le traitement de M. Deutsch a fait éprouver à ma femme un grand soulagement, sa névrose générale a été calmée, sa maladie de poitrine et des voies respiratoires datant depuis quatorze ans a été très sensiblement et heureusement modifiée sous l'influence du traitement de M. Maurice Deutsch. Je suis forcé d'ajouter que depuis le départ de M. Deutsch la santé de ma femme est *redevenue* plus mauvaise, ce qui m'a engagé de prier de nouveau M. Deutsch de traiter ma femme par correspondance. Je certifie, en outre, qu'à certaines périodes mensuelles ma fille Lucette, âgée de vingt ans, avait une inflammation très intense des yeux, qu'elle ne pouvait supporter la lumière et que sous l'influence du traitement de M. Deutsch sa maladie disparaissait presque subitement, tandis qu'auparavant lorsque j'appliquais des vésicatoires et employais d'autres médications ordonnées par mon médecin, cette inflammation persistait pendant plus de dix jours avec d'atroces douleurs. — Mon changement de résidence m'avait forcé d'interrompre pendant plusieurs mois le traitement de M. Deutsch ; la santé de ma femme étant par suite devenue plus mauvaise, j'ai consulté plusieurs médecins, entre autres un célèbre professeur de la Faculté, mais sans obtenir de leur traitement l'amélioration que j'espérais. — J'ai donc eu recours de nouveau aux bons soins de M. Deutsch dont j'espère bon résultat. — Strasbourg, le 27 décembre 1868. Signé : Gontier, Contrôleur des Douanes.

Vu pour légalisation de la Signature de M. Gontier, apposée d'autre part. Pour le Maire, l'adjoint délégué, signé : Leuret. [L.S.] — Vu pour légalisation de la Signature de M. Leuret, ci-dessus qualifié. Pour le Préfet, le Secrétaire Général délégué. Signé illisiblement.

CERTIFICAT FOURCHON

(Cure de Rhumatismes chroniques, avec enflure et claudication.)

Je soussigné, *Fourchon* Edmond-Pierre-François, Sous-Lieutenant au 60e Régiment d'Infanterie, en garnison à Nancy (Moselle), certifie que, depuis le mois de Novembre 1867, je souffrais de douleurs continues au pied droit, qui s'enflait après chaque fatigue, et que les douleurs, qui occasionnèrent une très forte claudication, s'étendirent bientôt jusqu'aux reins, — que depuis le 21 Mars 1868 jusqu'au 31 Juillet de la même année, je me suis confié aux soins de M. Deutsch, Médecin, que le succès de son traitement a été complet, que je suis radicalement guéri et que je puis vaquer aux exigences du service. Fait à Nancy, le 29 Décembre 1868. Signé : *E. Fourchon*, Sous-Lieutenant au 60e.

Vu par nous, Maire de la ville de Nancy pour légalisation de la Signature du sieur E. Fourchon, Sous-Lieutenant au 60e, apposée ci-dessus. — Nancy, le 29 décembre 1868. Signé Bon Buquet. [L.S.] Vu pour légalisation de la Signature de M. le Bon Buquet, Maire de la Ville de Nancy, apposée ci-dessus. Nancy, le 29 décembre 1868. Pour le Préfet et par délégation : Le Secrétaire Général. Signé illisiblement. [L.S.]

CERTIFICAT LOUIS MULLER

Actuellement Rédacteur en Chef du « Petit Rouennais »

(Cure d'une maladie organique du cœur, qui avait motivé son renvoi en 1871, du 11ᵉ Régiment de Ligne.)

Je soussigné, *Louis Müller*, comptable de la maison E. Lizié et demeurant rue de la Barrière, 57, déclare sous serment que, lorsque il y a neuf ans, mon père était commissaire de police à Nancy, je fus traité par M. le docteur Maurice Deutsch, pour une maladie de cœur, avec un succès continu, qui fut cependant interrompu, quand je fus obligé de porter les armes pour la défense de la patrie, mes camarades m'ayant soustrait les pilules reçues de ce médecin, de sorte que la recrudescence de ma maladie devint la cause de ma libération du service militaire.

Depuis le retour de M. le docteur Deutsch de l'Amérique, qui a eu lieu, il y a quelques semaines, j'ai repris son traitement, et j'ai depuis une quinzaine de jours cessé complètement d'éprouver les effets de ma maladie. — Elbeuf le 19 Novembre 1877. Signé : *L. Müller*.

Vu par nous, Maire d'Elbeuf, pour légalisation de la

Signature de M. L. Müller, apposée ci-dessus. Elbeuf, le 19 novembre 1877, Signé : Sevaistre, |L.S.| — Vu pour légalisation de la Signature de M. Sevaistre, Maire d'Elbeuf, apposée ci-dessus. Rouen, le 29 novembre 1877. Pour le Préfet : Le Secrétaire Général délégué. Signature illisible.
|L.S.|

CERTIFICAT ERNEST MULLER
(Cure d'une maladie de cœur, datant de l'enfance.)

Je soussigné, *Ernest Müller*, ancien commissaire de police, demeurant à Elbeuf, place Lécallier, n° 13, déclare sous serment que ma fille Louise Müller, âgée de 19 ans et souffrant depuis son plus tendre âge d'une grave forme d'affection de cœur qui, il y a neuf ans, a été traitée par le docteur Maurice Deutsch, à Nancy (Meurthe-et-Moselle), jusqu'à mon transfèrement comme commissaire de police à Elbeuf, et depuis cette époque a subi le traitement de différents médecins allopathes et homéopathes de cette ville, qui ont envisagé la maladie de cœur comme la conséquence d'une anémie et n'ont obtenu aucun résultat satisfaisant, a repris le traitement du médecin susnommé depuis qu'il est de retour des États-Unis de l'Amérique du Nord, et que les effets de ce traitement, continué par six semaines, ont été si extraordinaires, qu'il ne reste que très peu à par-

faire la guérison. Elbeuf, 18 novembre 1877. Signé :
E. Müller.

Vu par nous, Maire de la ville d'Elbeuf pour légalisation
de la Signature de M. E. Müller, apposée ci-dessus.
Elbeuf, le 19 novembre 1877. Signé Sevaistre. |L.S.| — Vu
pour légalisation de la Signature de M. Sevaistre, Maire
d'Elbeuf, apposée ci-dessus. Rouen, le 29 novembre 1877.
Pour le Préfet : Le Secrétaire Général délégué. Signature
illisible. |L.S.|

CERTIFICAT LACROIX

(Cure de Pleurésie mortelle.)

Je soussignée, veuve *Aurélie Lacroix*, fruitière et
tenant un bureau de placement, rue des Trois-Cornets,
n° 14, certifie et jure solennellement, que mon fils
Amédée, âgé de seize ans, était tombé malade le
20 Mai 1877, en souffrant dans les voies respiratoires, et que nonobstant le concours de différents
médecins d'Elbeuf et d'un grand médecin de l'un
des hôpitaux de Rouen, cette maladie s'était toujours
aggravée en dégénérant en une hydropisie de la
poitrine qui produisit des bosses en arrière et en
avant, ôtait sa respiration, excitait une toux continue
jour et nuit accompagnée de crachats, l'empêchait
d'abord de se coucher sur le côté droit, ensuite sur le
côté malade ou celui du cœur, et finalement même
sur le dos, de sorte que pendant dix-sept jours il se

tenait jour et nuit sur son séant, sans un moment de sommeil. Son dernier médecin, en m'annonçant sa très prochaine et inévitable mort, me proposa une opération pour retirer l'eau et pour prolonger de quatre jours son existence, ce que je refusai; et c'est alors que le hasard a voulu que j'eusse connaissance des grands moyens de salut que possède le médecin hongrois M. Maurice Deutsch, qui vient de retourner des États-Unis de l'Amérique du Nord, et que j'ai eu recours à son ministère. Ce médecin déclara, que la maladie dont mon fils avait été attaqué, dans l'origine, était la pleurésie du côté gauche et qu'elle était due à sa croissance extraordinaire. Aujourd'hui mon cœur maternel est rempli de joie et de gratitude envers le Créateur et ensuite envers le sauveur de mon fils, et je remplis un devoir sacré envers le genre humain, en proclamant cette miraculeuse cure et en signant ma déclaration sous la sauvegarde du plus solennel des serments. — Elbeuf, le 19 novembre 1877. Signée *Femme Lacroix*.

Vu par nous, Maire de la ville d'Elbeuf, pour la légalisation de la Signature de femme Lacroix apposée ci-dessus. Elbeuf, le 19 novembre 1877. Signé Sevaistre [L.S.] — Vu pour légalisation de la Signature de M. Sevaistre, Maire à Elbeuf, apposée ci-dessus. Rouen, le 29 novembre 1877. Pour le Préfet, le Secrétaire Général délégué. Signature illisible. [L.S.]

CERTIFICAT HAREL

(Grandiose demi-cure d'infirmités quarantenaires, interrompue par mon départ pour Paris.)

Je soussigné, *Harel (Alexandre)*, retondeur, demeurant à Elbeuf, rue des Trois-Cornets, n° 19, et âgé de 64 ans, certifie sous serment, que depuis quarante ans je souffrais d'un asthme épouvantable, jour et nuit, et surtout le matin à l'heure de mon lever, et qu'après un traitement de quelques semaines par le médecin, **M. Maurice Deutsch**, cette maladie a cessé de me tourmenter durant la nuit et le matin, et que l'asthme a, en outre, notablement diminué durant les journées, de même que les douleurs qui accompagnaient ma hernie. — Elbeuf, le 17 Novembre 1877. — Signé : *A. Harel.*

Vu par nous, Maire de la ville d'Elbeuf pour légalisation de la Signature de M. A. Harel, apposée ci-dessus. Elbeuf, le 19 novembre 1877. Signé Sevaistre. [L.S.] — Vu pour légalisation de la Signature de M. Sevaistre, Maire à Elbeuf, apposée ci dessus. Rouen, le 29 novembre 1877. Pour le Préfet : Le Secrétaire Général délégué. Signature illisible. [L.S.]

CERTIFICAT KAISER

(Cure de Pleuro-Pneumonie rare précédée de Bronchite chronique.)

Je soussignée, *Antoinette Kaiser*, épouse de M. Guillaume Kaiser, encadreur et doreur sur bois, demeurant n° 6, Impasse Rodier, à Paris, — déclare sous serment que, ayant été affectée pendant huit ans d'une bronchite chronique et guérie au commencement de l'année 1880 par le traitement de Monsieur Maurice Deutsch, médecin, demeurant actuellement au n° 2 de la rue Hippolyte-Lebas, à Paris, — j'ai été attaquée vers la fin de Décembre de la même année par une très grave forme de Pleuro-Pneumonie, produite par des odeurs fortes de mon Atelier et intensifiée par le froid de la saison ; et bien que l'attaque de la maladie était si violente que non seulement la toux et les expectorations, mêlées de sang, ne me laissaient pas un moment de répit, mais que les douleurs insupportables ressenties du côté gauche, dans les régions de l'estomac et dans le dos, me coupaient la respiration, ne me permettaient pas un moment de sommeil et me forçaient pendant dix ou douze jours de me tenir jour et nuit sur mon séant, je suis revenue à la plus complète santé après un traitement de trois mois par le même médecin, et que mon aspect, en outre, est devenu meilleur que depuis de longues années. — Fait à Paris, le 20 Septembre 1881. Signé : *Antoinette fm. Kaiser.* — L. Caron. H. Collet.

Sur l'attestation de MM. Caron Louis, Crémier, Impasse Rodier, 5, et Collet Henri, Blanchisseur, Imp. Rodier, 6. Vu par nous Maire du IXe Arrondissement de Paris pour légalisation de la Signature de Mme Kaiser ci-dessus. Paris le 20 Septembre 1881. Signé : Yvez C. [L.S.] — Vu pour légalisation de la Signature de M. Yvez, adj. au Maire du IXe Arrondissement, apposée ci-dessus. Paris, le 26 septembre 1881. Le Préfet de la Seine. Pour le Préfet, le Conseiller de Préfecture délégué. Signé illisiblement. [L.S.]

CERTIFICAT PERRIER

(Ce Certificat, atteste deux grandes cures distinctes, dont la première concerne une *Tumeur* dans la région de l'estomac, traitée pendant neuf ans par plusieurs médecins désignés et aussi dans l'Établissement Van Smidt à Passy ; ensuite une *Paralysie* cérébrale, compliquée par un Tétanos et une Cécité et Surdité unilatérale, soignée par un médecin de l'Assistance Publique, le Dr Franco. La désignation des médecins traitants, qui n'est pas dans mes habitudes, a été faite pour obvier à des remarques calomnieuses, et pour donner une autorité morale au document à soumettre au Gouvernement pour des fins humanitaires.

Ce document acquiert, en outre, une importance exceptionnelle par le fait, que, *deux jours après qu'il avait été légalisé par la Préfecture de la Seine*, le rédacteur scientifique du *Rappel*, Victor Meunier, fit mention d'un aveugle traité depuis quatre mois à l'Hôtel-Dieu de Paris, et dont la cécité avait pour cause un accident similaire ; la seule

différence qui existait entre les deux cas, c'est que mon malade a été complètement guéri, tandis que, suivant l'aveu du
rédacteur du *Rappel* lui-même, le malade de l'Hôtel-Dieu
fut retenu sans espoir de guérison, mais dans le but
d'étudier son cas par un examen *post mortem. Voir sous ce
rapport le Rappel du 8 juillet 1881.)*

Je soussigné, *Pierre Perrier*, âgé de 54 ans,
charretier, demeurant au nº 17, rue du Banquier, à
Paris, ayant été écrasé en 1869 par les deux roues
du même côté d'un omnibus et soigné par le docteur
de Saint-Marcel, demeurant au nº 32, rue Buffon,
et par le Dʳ Salonne, demeurant rue Linné, 24 : j'ai,
depuis, porté en moi les semences d'une tumeur qui
s'était révélée pour la première fois en 1877 par une
douleur très vive dans la région de l'estomac, et a
commencé à être traitée le 15 mars de la même
année par le Dʳ Lavoye, demeurant, nº 143, rue
Mouffetard. Ce traitement durait encore lorsque, au
mois de juillet 1879, j'ai reçu un coup de pied d'un
cheval, me défonçant deux côtes en arrière de mon
côté droit. Mais bien que rétabli par le même Dʳ Lavoye des conséquences du dernier accident, ma
tumeur, nonobstant un traitement ininterrompu,
continuait à grossir en volume, les douleurs atroces
en intensité et j'éternuais à chaque repas entre 20 et
30 minutes d'une manière continue. Dans mon
désespoir j'ai eu recours aussi à l'Établissement du
Dʳ Van Smidt, à Passy, où je fus traité comme
externe pendant quatre semaines par le Dʳ Rivière,

mais sans résultat. C'est alors qu'une de mes connaissances me conseillait de m'adresser à M. Maurice Deutsch, médecin, demeurant actuellement, n° 2, rue Hippolyte-Lebas, qui ensuite m'a donné ses soins depuis le 1er septembre 1880 jusqu'au 18 décembre de la même année et a fait disparaître complètement ma tumeur et les souffrances concomitantes.

Mais le 5 mars 1881, en travaillant pour le compte de M. Thomas, maître charretier, demeurant rue du Gaz, 82, je fus assailli par une congestion cérébrale qui me fit tomber à la renverse dans une cave d'une profondeur de 4 à 5 pieds; et bien que dès le premier jour je reçus les soins du *Dr Vryn*, demeurant rue Monge, 19, qui déclara ma maladie être une paralysie cérébrale, je continuais à rester sans connaissance, et le dixième jour après l'accident survinrent des attaques cérébro-spinales sous une terrible forme de tétanos, qui me rendit entièrement sourd et aveugle au côté gauche et voilait mon œil droit au point, que je ne pouvais distinguer qu'à une mince distance et que chaque objet m'apparut double. Après un mois de traitement par le *Dr Vryn*, mon dénûment complet me forçait à recourir à la générosité de l'Assistance publique, qui me fit parvenir des subsides en argent et des médicaments et donner le traitement médical durant 40 jours par le *Dr Franco*, qui avait commencé à m'assister le 2 avril 1881 ; mais la justice et la reconnaissance m'imposent le devoir de déclarer que je n'ai pris que pendant une semaine le remède ordonné par le médecin de l'Assistance publique, mais que je me suis prévalu des soins gratuitement fournis par le médecin déjà mentionné, M. Deutsch, et que grâce à eux j'ai recouvré promptement et complètement mon ouïe, ma vue et ma santé, comme aussi la force de pouvoir me nourrir de nouveau par le rude travail de mes mains. Et je fais cette déclaration, qui précède, sous la foi du plus solennel serment, afin de servir autant que possible les intérêts de l'humanité entière aussi bien que ceux de mon généreux sauveur, qui m'a rendu deux fois ma vie et ma santé. — Paris, le 30 juin 1881. — Signé : *Pierre Perrier*. — Témoins : *Glazal*, — *Berrie*.

Vu par nous, Maire du XIIIe arrondissement (Gobelins), pour légalisation de la signature de M. P. Perrier. Paris, le 4 juillet 1881. Pour le Maire : H. Thomas, m. p. |L.S.| — Vu pour légalisation de la Signature de M. Thomas, adjoint au maire du XIIIe arrondissement, apposée ci-dessus. Paris, le 6 juillet 1881. Le préfet de la Seine. Pour le Préfet : Le Conseiller de la Préfecture délégué. Signature illisible. |L.S.|

CERTIFICAT SERGENT BERTHIER

(Cure de fièvre rebelle, traitée avant mon intervention pendant dix mois dans le Régiment, l'Hôpital militaire de Sétif (Algérie) et l'Hôpital Civil de Saint-Malo (France.)

Paris, le 4 octobre 1883. — Je soussigné, *Germain Berthier*, Sergent au 47ᵉ régiment, âgé de 25 ans, natif de Paris et demeurant rue Turbigo, nᵒ 63, certifie sous serment que, étant en Algérie, j'ai eu la première attaque de fièvre intermittente au mois de juillet 1882. Cette fièvre revenait régulièrement le 6 ou le 7 de chaque mois avec le caractère quotidien et durait cinq jours. La première attaque périodique mensuelle a eu lieu, comme d'ordinaire, le 6 novembre 1882 et retournait quotidiennement jusqu'au 10 ou 11 novembre; puis ces accès retournèrent le 25 du même mois et j'entrais à l'hôpital de Sétif, où les accès eurent lieu deux fois par jour pendant douze jours, mais le traitement fut continué jusqu'au 20 décembre de la même année. La santé ayant été fortement délabrée, je reçus un congé de convalescence de deux mois, pour me rendre chez mes parents à Paris; mais lorsque je retournai à mon régiment en garnison à Saint-Malo, en France, la fièvre revint à la charge le 26 mars 1883, et j'entrai à l'hôpital le 28. Sorti de l'hôpital, je fus de nouveau attaqué cinq jours après et traité hors de l'hôpital. La fièvre ne cessant pas cette fois, mon père m'apporta à Saint-Malo le *remède antifébrile* du Docteur *Deutsch*, le médecin de ma mère, et en quantité suffisante pour un traitement de douze jours. Ce traitement fut commencé vers la fin d'avril et continué jusqu'à l'épuisement de la quantité envoyée ; mais déjà la première dose du médicament avait fait cesser les accès, qui depuis ne se sont pas renouvelés. Néanmoins, ayant obtenu un nouveau congé d'un mois pour me rendre chez mes parents à Paris, j'avais subi un nouveau traitement de dix jours avec le même remède, mais par des motifs purement hygiéniques, mon poids en dix jours s'était accru de neuf livres. Les moyens employés par les médecins du régiment en Afrique et en France furent des remèdes à base de quinquina, des ferrugineux et du sirop de Boudin, et les lieux où j'ai subi les différents traitements, la *Smala d'Elméridj*, *Tébessa et Sétif en Afrique*, et ensuite *Saint-Malo* en France. — Fait à Paris, le quatre Octobre mil huit cent quatre-vingt-trois. *G. Berthier* m. p. *Desfeux*. — *Desfeux.*

Sur l'attestation des sieurs Desfeux Adolphe, employé rue Dupuis, 6, et Desfeux Louis-Alexandre, marchand de robes, même domicile, vu par nous, Maire du 3e Arrondissement de Paris, pour la légalisation de la Signature, M. Berthier, apposée ci-dessus, Paris, le 9 octobre 1883. Canis, m. p. ⌊L.S.⌋ — Vu pour légalisation de la Signature de M. Canis, Adjoint au Maire du 3ᵉ Arrondissement ci-dessus. Paris, 11 octobre 1883. Le Préfet de la Seine, pour le Préfet : le Conseiller de Préfecture délégué. Bélin, m. p. ⌊L.S.⌋ — Vu pour légalisation de la Signature de M. Bélin, Conseiller de Préfecture, Paris, le 14 mars 1884. Pour le Ministre de l'Intérieur, le Sous-Chef de Bureau du Secrétaire délégué, David, m. p. ⌊L.S.⌋ — Le Ministre des Affaires Étrangères certifie véritable la signature de M. Bélin, Paris, le 14 mars 1884. Pour le Ministre, pour le Chef de Bureau délégué, E. Corpel, m. p. ⌊L.S.⌋ — Vu au Consulat de S. M. (suivent des mots effacés et indéchiffrables, mais probablement : le Roi d'Italie) pour légalisation. Paris, le 27 mai 1885. Pour le Consul général, le Vice-Consul : Signé : Bajnotti, m. p. ⌊L.S.⌋

L'auteur du certificat ci-dessus n'a jamais eu, depuis sa guérison, soit une rechute ou une autre maladie, et est actuellement Comptable dans une maison de Commerce en *gros*, à Paris.

CERTIFICAT BAYARD

(Cure d'une double cécité de deux ans et traitée six mois dans une clinique ophtalmique.)

Je soussigné, *Bayard Charles*, ex-sous-officier au 3ᵉ régiment de zouaves, en retraite, et actuellement secrétaire du Général Allegro, Gouverneur de l'Arad, à Gabès (Tunisie), déclare sous serment que ma femme *Marie Fel*, après avoir été traitée pendant deux ans pour ses maux d'yeux sans succès, et même avec aggravation de son mal, au point qu'elle ne pouvait plus distinguer la couleur noire des lettres écrites ou imprimées et que son pouvoir visuel se bornait sous ce rapport à la seule perception du blanc du papier *et cela nonobstant le fait, qu'elle avait été aussi traitée pendant six mois dans la clinique ophtalmique du Dr Meyer, située, 12, rue Jacob, Paris, en y subissant des opérations répétées,* a obtenu enfin la complète restauration de sa vue, après un traitement intérieur de quinze jours par *M. Maurice Deutsch* médecin, 10, rue de Morée, Paris, dont j'avais eu la chance de faire la connaissance par mon ami, M. Reverchon, ancien Vice-Président du Comité central de Paris pour l'unification des retraites. — Gabès, le 28 Septembre 1887. — Signé : *Bayard, m. p.*

Vu pour légalisation de la Signature de M. Ch. Bayard, Le Gouverneur de l'Arad, Signé : Allegro [L.S.]

CERTIFICAT MASURE

(Guérison d'une goutte arthritique chronique, accompagnée d'une ataxie des jambes.)

Je soussigné, *Léon-Eugène Masure*, propriétaire, demeurant n° 7, rue Monge, déclare sous serment, *que depuis l'année 1880 j'ai souffert de douleurs arthri-tiques dans les épaules et les genoux, accompagnées de craquements dans les correspondantes articulations et d'une grande faiblesse dans les jambes, s'approchant du caractère de la paralysie,* et que le traitement de Monsieur *Deutsch,* médecin, habitant actuellement au nº 10, rue Manuel, Paris, m'a complètement guéri des maux ci-dessus énumérés. — Paris, le 22 Avril 1891. *Masure. — Les témoins :* Léon Guisard. Malon.

Vu par Nous, Maire du 5ᵉ Arrondissement (Panthéon) pour légalisation de la Signature de M. Masure, apposée ci-dessus, et attestée par MM. Guisard Léon, Marchand de vins, Boulev. St-Germain, 46, et Malon Edmond, traiteur, Place du Panthéon, 11. Paris, le 22 avril 1891. Le Maire : Constantin ⎡L.S.⎤ — Vu pour légalisation de la Signature de M. Constantin, adjoint au Maire du 5ᵉ Arrondissement, apposée ci-contre. Paris, le 20 juin 1891. Le Préfet de la Seine. Pour le Préfet : Le Conseiller de Préfecture délégué Pélisse. ⎡L.S.⎤ — Vu pour légalisation de la Signature de M. Pélisse, Conseiller de Préfecture de la Seine. Paris, le 1ᵉʳ juillet 1891. Pour le Ministre de l'Intérieur : M. le Chef du Bureau du Secrétariat délégué. E. Pillot. ⎡L.S.⎤ — Le Ministre des Affaires Étrangères certifie véritable la Signature de M. E. Pillot. Paris le 1ᵉʳ juillet 1891. Pour le Ministre, Pour le Chef de Bureau délégué : E. Corpel. ⎡L.S.⎤ — Service de l'Agent Comptable des Chancelleries. ⎡*Gratis*⎤

CERTIFICAT LEGRAND

(Guérison d'une goutte de seize ans et effets de mon traitement sur sa Cécité de vingt ans.)

Je soussignée, épouse de *M. Legrand*, propriétaire et fabricant de cuirs vernis, demeurant, 10, rue Candale, à Pantin (Seine), certifie sous serment, que mon mari, *aveugle depuis 1870* à la suite de la petite vérole et d'opérations non réussies, *et souffrant, en outre, de la goutte depuis 1874*, a commencé le traitement, qui lui fut donné par *M. Maurice Deutsch*, médecin, résidant 10, rue Manuel, à Paris, le 30 octobre **1887**, et a obtenu comme premier résultat la complète guérison de la goutte.

En ce qui concerne le traitement de la cécité, il a eu pour effet que mon mari, se trouvant à l'air libre, a pu distinctement voir les couleurs rouge, jaune et bleue des cuirs vernis étendus dans la cour de notre fabrique, et en dernier lieu la couleur verte du gazon.

Cette perception des couleurs a de nouveau disparu depuis le 1er novembre dernier, *jour où mon mari fit une chute de la hauteur du premier étage*, en passant au travers d'une trappe ouverte dans un atelier, — et, *en se risquant plus tard et prématurément à descendre dans la cour par une température de douze degrés au-dessous de zéro, avait contracté une congestion cérébrale extrêmement intense, entraînant la perte des avantages acquis pour la vue, mais laissant subsister la guérison de la goutte.* En foi de quoi je délivre le présent certificat et appose ici ma signature. Pantin, 20 Mai 1891. — *Eme J. Legrand.*

Vu pour légalisation de la Signature de Mme J. Legrand, apposée ci-dessus, Pantin le 30 Mai 1891. Le Maire, A. Pellat. [L.S.] — Vu pour légalisation de la Signature de M. Pellat, Maire de Pantin, apposée ci-dessus. Paris, le 20 Juin 1891, Le Préfet de la Seine. Pour le Préfet : Le Conseiller de Préfecture délégué Pélisse. [L.S.] — Vu pour légalisation de la Signature de M. Pélisse, Conseiller de Préfecture de la Seine. Paris, le 1er juillet 1891. Pour le Ministre de l'Intérieur : M. le Chef du Bureau du Secrétariat délégué, E. Pillot. [L.S.] — Le Ministre des Affaires Étrangères certifie véritable la Signature de M. E. Pillot. Paris, le 1er juillet 1891. Pour le Ministre, Pour le Chef de Bureau délégué : E. Corpel. [L.S.] — Service de l'Agent Comptable des Chancelleries. [*Gratis*]

CERTIFICAT SÉDARD N° I

(Guérison d'une Goutte sciatique septennaire, accompagnée de maux de tête, vomissements, maladie de vessie, ankylose et boitement.)

Je soussigné, *Sédard* Jules, Boulanger, demeurant 9, rue des Capucines, à Paris, certifie sous serment, que depuis 1879 j'avais souffert pendant sept ans d'une atroce *goutte sciatique*, qui a été traitée par plusieurs Médecins sans résultats favorables, et que, en outre, l'application du fer rouge sur les reins, qui fut répétée jusqu'à cent fois, avait fait naître *de fâcheuses complications, qui consistaient dans d'insupportables maux de tête, des vomissements, le raccourcissement et le boitement de la jambe gauche, et dans la nécessité de recourir à l'emploi constant de la sonde pour l'émission de l'urine*, et que, un traitement de dix-huit mois, pratiqué sur moi par M. *Maurice Deutsch*, Médecin, demeurant au N° 10, rue Manuel, à Paris, a fait complètement disparaître la Sciatique avec toutes les complications plus haut mentionnées. Bien que la guérison remonte à plusieurs années, je n'ai éprouvé aucune rechute. *J. Sédard.* — Témoins : A. Gaume. — J. Patin.

Vu par Nous, Maire du premier Arrondissement de Paris, pour légalisation de la Signature de M. Sédard, sur l'attestation de MM. Gaume, rue des Capucines 8, et Patin Jean, rue des Capucines 7. Paris, le 1ᵉʳ mai 1891, Le Maire : Daudre. [L.S.] — Vu pour légalisation de la Signature de M. Daudre, adjoint au Maire du 1ᵉʳ Arrond., apposée ci-contre. Paris, le 20 juin 1891. Le Préfet de la Seine. Pour le Préfet : Le Conseiller de Préfecture délégué Pélisse. [L.S.] — Vu pour légalisation de la Signature de M. Pélisse, Conseiller de Préfecture de la Seine. Paris, le 1ᵉʳ juillet 1891. Pour le Ministre de l'Intérieur : M. le Chef du Bureau du Secrétariat délégué. E. Pillot. [L.S.] — Le Ministre des Affaires Étrangères certifie véritable la Signature de M. E. Pillot. Paris, le 1ᵉʳ juillet 1891. Pour le ministre,

Pour le Chef de Bureau délégué : E. Corpel. |L.S.|
— Service de l'Agent Comptable des Chancelleries.

| Gratis |

CERTIFICAT SEDARD N° II
Pour sa femme

(Guérison de trois différentes maladies successives, ayant pour cause l'âge climatérique.)

Je soussigné, *Sédard* (Jules), boulanger, demeurant, 9, rue des Capucines, à Paris, déclare sous serment, que ma femme, à la suite d'irrégularités causées pendant trois ans par l'âge climatérique, a été traitée par M. Maurice Deutsch, médecin, demeurant 10, rue Manuel, à Paris, *une première fois pour une dyssenterie sanguinolente*, laquelle a été guérie en deux jours; — *une deuxième fois pour une goutte sciatique*, qui avait cessé après un mois de traitement; — et enfin une troisième fois pour une *prostration générale*, qui la tenait alitée pendant deux mois, et lui ôtait complétement sommeil et appétit, et que cette dernière affection avait disparu après un traitement de deux mois. Depuis cette guérison, trois ans se sont écoulés, et rien n'est arrivé jusqu'ici, pour nécessiter un nouveau traitement médical. — *J. Sédard*. — Les témoins : A. Gaume; J. Patin.

Vu par Nous, Maire du premier arrondissement de Paris,

pour légalisation de la Signature de M. Sédard, Paris, le 1er Mai 1891, sur l'attestation de MM. Gaume, rue des Capucines, 8, et de Pantin Jean, rue des Capucines, 7. Le Maire, Daudre. [L.S.] — Vu pour légalisation de la Signature de M. Daudre, adjoint au Maire du 1er arrondissement, apposée ci-contre, Paris, le 20 Juin 1891. Le Préfet de la Seine. Pour le Préfet : Le Conseiller de Préfecture, délégué Pélisse. [L.S.] — Vu pour légalisation de la Signature de M. Pélisse, Conseiller de Préfecture de la Seine. Paris, le 1er juillet 1891. Pour le Ministre de l'Intérieur : M. le Chef du Bureau du Secrétariat délégué, E. Pillot. [L.S.] — Le Ministre des Affaires Étrangères certifie véritable la Signature de M. E. Pillot. Paris, le 1er juillet 1891. Pour le Ministre, Pour le Chef de Bureau délégué : E. Corpel. [L.S.] — Service de l'Agent Comptable des Chancelleries. [Gratis]

CERTIFICAT ALEXANDRE WEILL

(Effets d'un traitement biennal d'une dilatation d'estomac, accompagnée d'une maladie de cœur et d'un obscurcissement de l'œil gauche ; guérison prompte d'une hématurie, et cure instantanée par mon Anti-Cholérique.)

Je soussigné, *Alexandre Weill*, homme de lettres, âgé de quatre-vingts ans et demeurant 11, faubourg Saint-Honoré, à Paris, déclare sur l'honneur que la maladie dont je souffrais depuis 1884, après plusieurs diagnostics faits sur moi par les premiers médecins de Paris, avait été reconnue pour une *dilatation de l'estomac,* produisant par sympathie *des palpitations de cœur,* qui m'empêchaient de dormir autrement que par saccades et cauchemars. Un peu plus tard, je sentis *dans l'œil gauche un point d'obscurcissement,* que plusieurs médecins oculistes de premier ordre considéraient comme la suite d'une hémorrhagie du cœur. Inutile de dire que j'ai suivi strictement les préceptes des médecins, ne manquant jamais de prendre leur médecine prescrite, mais à ma grande douleur, sans soulagement réel, prenant parfois trois lavements par jour et presque toujours une purgation par semaine. Perdant mes forces et l'appétit, le docteur *Maurice Deutsch* me fut recommandé pour avoir fait des cures merveilleuses. J'hésitai longtemps, mais, ne trouvant toujours aucun soulagement réel et de crainte de perdre toutes mes forces, je me décidai à suivre le régime du docteur Deutsch et à prendre sa médecine ne fût-ce qu'à titre d'essai. L'effet en fut merveilleux. En un mois l'appétit et le sommeil revenaient, les palpitations devenaient intermittentes et rares, mes forces augmentaient visiblement et, dès ce jour, depuis deux ans, je n'ai plus pris un seul lavement, ni une seule purgation.

Il y a plus ! L'hiver passé, j'ai souffert durant trois semaines d'une *hématurie,* dont j'avais déjà senti le commencement il y a trois ans. Le Docteur Deutsch m'en a guéri au bout de quelques jours, et depuis ce temps je n'en ai plus vu de trace.

Il y a trois mois, saisi d'un grand froid, je fus pris d'une *violente colique et d'une grave indigestion, qui après une seule nuit, après plus de vingt sorties, m'avait mis à deux doigts de la mort*. Par une seule cuillerée de son Anti-cholérique le Docteur Deutsch a fait arrêter cette diarrhée.

Je continue à prendre la médecine du docteur Deutsch, qui me fait manger et digérer. Le docteur, pour la moindre attaque de palpitations pendant la nuit, m'a prescrit une médecine particulière qui me les arrête au bout de dix minutes. — En foi de quoi je lui donne ce Certificat autant par conscience que par reconnaissance. Paris, le 5 juin 1891. *Alexcndr Weill, 11, faubourg Saint-Honoré*. — *E. Harp*. — *I. Harp*.

Sur l'attestation de MM. Harp Eugène, bazardier, rue Royale, 21, et Harp Isidore, opticien, faubourg St-Honoré, n° 1, le Maire du 8e Arrondissement certifie véritable la Signature de M. Weill, apposée ci-dessus. — Paris, le 5 juin 1891. Le Maire: Beurdelay. [L.S.] — Vu pour légalisation de la Signature de M. Beurdelay, Maire du 8e Arrond., apposée ci-contre. Paris, le 20 juin 1891. Le Préfet de la Seine. Pour le Préfet : Le Conseiller de Préfecture délégué Pélisse. [L.S.] — Vu pour légalisation de la Signature de M. Pélisse, Conseiller de Préfecture de la Seine. Paris, le 1er juillet 1891. Pour le Ministre de l'Intérieur : M. le Chef du Bureau du Secrétariat délégué. E. Pillot. [L.S.] — Le Ministre des Affaires Étrangères certifie véritable la Signature de M. E. Pillot. Paris, le 1er juillet 1891. Pour le ministre, Pour le Chef de Bureau délégué : E. Corpel. |L.S.| — Service de l'Agent Comptable des Chancelleries. | *Gratis* |

CERTIFICAT NIEVOLLET

(Guérison d'une colique hépatique et de ses complications de vingt-deux ans.)

Je soussignée, *Marie Nievollet*, célibataire, âgée de trente-huit ans, domestique depuis dix ans chez M. Alexandre Weill, homme de Lettres, 11, faubourg-Saint-Honoré, à Paris, déclare, sous serment, *qu'à la suite d'un refroidissement à une certaine époque, je fus prise de fortes douleurs dans les côtés et dans l'estomac, lequel était incapable de supporter des aliments, au point que je les rendais aussitôt qu'avalés. A ces douleurs se joignirent, il y a seize ans, des coliques hépatiques, qui me forçaient de me rouler sur la terre, et il y a six ans j'ai eu aussi la jaunisse, auxquels maux s'associait en outre une irritation à la gorge, produisant toux, crachement et d'abondantes pertes de sang.*

Je fus traitée depuis vingt-deux ans continuellement par un grand nombre de médecins à Lyon, en Suisse et à Paris, où j'avais subi le traitement de six médecins, et même des plus célèbres, ayant aussi fait deux saisons à Vichy. Mais depuis deux ans je suis traitée par M. Maurice Deutsch, le Médecin de mon maître, M. Alexandre Weill, et dès le commencement les coliques hépatiques ont cessé et peu à peu aussi les autres affections énumérées ci-dessus. Bien que je continue le traitement pour empêcher le retour de la maladie, je certifie sous serment que ma déclaration ci-dessus est conforme à la vérité la plus sacrée. — Paris, le 5 Juin 1891, *Marie Nievollet*, 11, Faubourg-Saint-Honoré. — E. Karp. — J. Karp.

Sur l'attestation de MM. Karp, bazardier, rue Royale, 21, et Karp Isidore, opticien, faubourg-St-Honoré, n° 1, le Maire du 8ᵉ Arrondissement certifie véritable la signature de Mlle Nievollet apposée ci-dessus. Pour le Maire : Beurdelay. [L.S.] — Vu pour légalisation de la Signature de M. Beurdelay, Maire du 8ᵉ Arrond., apposée ci-contre. Paris, le 20 juin 1891. Le Préfet de la Seine. Pour le Préfet : Le Conseiller de Préfecture délégué Pélisse. [L.S.] — Vu pour légalisation de la Signature de M. Pélisse, Conseiller de Préfecture de la Seine. Paris, le 1ᵉʳ juillet 1891. Pour le Ministre de l'Intérieur : M. le Chef du Bureau du Secrétariat délégué. E. Pillot. [L.S.] — Le Ministre des Affaires Étrangères certifie véritable la Signature de M. E. Pillot. Paris, le 1ᵉʳ juillet 1891. Pour le Ministre, Pour le Chef de Bureau délégué : E. Corpel. [L.S.] — Service de l'Agent Comptable des Chancelleries. [*Gratis*]

CERTIFICAT FAUVETY

(Effets d'un traitement de différentes affections dues à une ataxie intérieure

et se continuant jusqu'à l'organe de la vue.)

Je soussigné, Jean-Charles *Fauvety*, propriétaire et publiciste, demeurant à Asnières (Seine), âgé de 78 ans, déclare, pour rendre hommage à la vérité, *que j'étais à bout de forces et que je ne pouvais plus digérer*, lorsque, il y a treize mois, j'avais commencé le traitement de l'honorable praticien, Monsieur Deutsch (Maurice), Médecin. *Rhumatisant dès ma première jeunesse, je souffrais depuis une quarantaine d'années d'une atonie du tube digestif, qui n'avait cessé de croître en intensité par l'usage des purgations drastiques et l'abus des lavements. Avec l'âge la goutte était venue se joindre aux rhumatismes, et la dyspe, sie était devenue chronique*, sans être encore arrivée aux vomissements. Seulement je ne mangeais plus, et en étais réduit au lait pour toute nourriture. C'est sur ces entrefaites, qu'un ami me mit en rapport avec M. Deutsch; dès les premières prises de son médicament — une petite cuillérée le matin et une le soir — je pus constater une amélioration sensible dans toutes les fonctions digestives, d'assimilation et d'élimination. Depuis lors, je n'ai cessé d'aller de mieux en mieux, sauf quelques temps d'arrêts par des refroidissements. Mais ces temps d'arrêts n'étaient pas des rechutes, et je n'ai cessé un seul jour de manger, de boire, de dormir, grâce à l'usage régulier que j'ai fait du médicament. Je continue à en faire usage, et me suis toujours trouvé moins bien, lorsque je l'ai suspendu un seul jour.

Il est à remarquer que toutes les maladies et toutes les anciennes incommodités, que l'âge traîne après soi, ont disparu. Ma vue, qui était affaiblie, s'est améliorée, et j'ai pu renoncer aux lunettes; l'ouïe est revenue à son état normal; la goutte n'a plus reparu, et l'état général des forces est satisfaisant.

En foi de quoi j'ai signé la présente déclaration, heureux si elle pourra servir à faire reconnaître le haut mérite d'un homme, à qui je dois la prolongation de mon existence, — qui pourrait rendre de grands services à l'humanité souffrante, si ses procédés de guérison étaient vulgarisés et mis à la portée de tous. — Asnières, 8 Juin 1891. — *Charles Fauvety*.

Vu pour la légalisation de la Signature de M. Ch. Fauvety, apposée ci-contre. Asnières, le 9 juin 1891. Le Maire : Périer [L.S.] — Vu pour légalisation de la Signature de M. Périer, adjoint au Maire d'Asnières, apposée ci-contre. Paris, le 20 juin 1891. Le Préfet de la Seine. Pour le Préfet : Le Conseiller de Préfecture délégué Pélisse. [L.S.] — Vu pour légalisation de la Signature de M. Pélisse, Conseiller de Préfecture de la Seine. Paris, le 1er juillet 1891. Pour le Ministre de l'Intérieur : M. le Chef du Bureau du Secrétariat délégué. E. Pillot. [L.S.] — Le Ministre des Affaires Étrangères certifie véritable la Signature de M. E. Pillot. Paris, le 1er juillet 1891. Pour le Ministre, Pour le Chef de Bureau délégué : E. Corpel. [L.S.] — Service de l'Agent Comptable des Chancelleries. [Gratis]

CERTIFICAT GRIVEAU

(Guérison d'une maladie de cœur, et autre guérison d'une grave Broncho-Pneumonie, intervenue à l'époque de l'Influenza.)

Je soussigné, Georges-Louis *Griveau*, représentant de l'imprimerie Paul Dupont, demeurant à Paris, 36, rue de Turin, certifie sous serment ce qui suit : Je souffrais, il y a quatre ans, de *palpitations de cœur et d'étouffements*, entraînant un *manque de sommeil et d'appétit, une grande courbature dans les jambes;* j'ai alors suivi le traitement de M. Maurice Deutsch, médecin, 10, rue Manuel. Dès les huit premiers jours, les étouffements ont cessé, le sommeil et l'appétit sont revenus, puis graduellement les palpitations et la courbature ont diminué et enfin disparu complètement. J'ai constaté après guérison une augmentation de poids de six kilogrammes. — *En décembre 1889, je fus atteint d'une Broncho-Pneumonie, causée par l'Influenza, dans toute son intensité, avec fièvre, crachements purulents et douleurs d'oreilles ;* dès le deuxième jour du traitement Deutsch, les douleurs d'oreilles ont disparu, les crachements ont diminué, et après huit jours la guérison était complète. C'est avec la plus grande reconnaissance que j'ai délivré à

M. Maurice Deutsch, le présent certificat. — Fait à Paris, le 22 Mai 1891. *G. Griveau,* Leclerc et Verdier.

Sur l'attestation de MM. Henry Leclerc, marchand de vin, rue de Londres, 38, et Henri Verdier, marchand-tailleur, rue de Moscou, 4, comme témoins, le Maire du 8ᵉ Arrondissement certifie véritable **la** signature de M. Griveau, demeurant rue de Turin, 36, apposée ci-dessus. Paris, 22 Mai 1891. Pour le Maire Levglier. ⎹L.S.⎸ — Vu pour la légalisation de la Signature de M. Levglier, adjoint au Maire du 8ᵉ arrondissement, apposée ci-dessus. Paris, le 20 Juin 1891. Le Préfet de la Seine. Pour le Préfet : Le Conseiller de Préfecture délégué Pélisse. ⎹L.S.⎸ — Vu pour légalisation de la Signature de M. Pélisse Conseiller de Préfecture de la Seine. Paris, le 1ᵉʳ juillet 1891. Pour le Ministre de l'Intérieur : M. le Chef du Bureau du Secrétariat délégué, E. Pillot. ⎹L.S.⎸ — Le Ministre des Affaires Étrangères certifie véritable la Signature de M. E. Pillot. Paris, le 1ᵉʳ juillet 1891. Pour le ministre, Pour le Chef de Bureau délégué : E. Corpel. ⎹L.S.⎸ — Service de l'Agent Comptable des Chancelleries. ⎹*Gratis*⎸

CERTIFICAT LESIEUR
(Guérison prompte d'une Hydropisie-Ascite de quatre ans.)

Je soussigné, Louis-François *Lesieur,* ancien comptable, actuellement rentier, demeurant à Créteil, avenue de la République, n° 17, département de la Seine, déclare sous serment, que ma femme, ancienne veuve Gonsard, *souffrait depuis l'année 1867 jusqu'à*

l'année 1874 de grandes pertes de sang à chaque période,
et lorsque ces pertes avaient pris fin avec la mens-
truation, ce qui était arrivé en 1874, alors ma femme,
qui à cette époque vivait comme Concierge rue des
Fontaines-du-Temple, n° 25, à Paris, *était devenue
hydropique surtout dans le ventre et les jambes, mais
moins fortement dans sa figure et les bras.* Après que
cette hydropisie avait duré quatre ans, ma femme
avait eu la bonne chance d'être soignée par Monsieur
Maurice *Deutsch*, médecin, demeurant au n° 10, rue
Manuel, ancienne rue Morée, à Paris, qui l'a guérie
complètement en trente jours, de sorte qu'elle avait
dû changer ses vêtements, et depuis cette guérison
neuf ans se sont écoulés, et ma femme n'a jamais
éprouvé le moindre retour de son ancienne maladie.
— Créteil, le 3 Avril 1891. *Lesieur.*

Pour légalisation de la Signature de M. Lesieur apposée,
le 1er Mai 1891. Le Maire : Leday, adjoint ⎰L.S.⎱ — Vu
pour légalisation de la Signature de M. Leday, adjoint au
Maire de Créteil, apposée ci-contre, Paris le 20 juin 1891.
Le Préfet de la Seine. Pour le Préfet : le Conseiller de
Préfecture délégué Pélisse. ⎰L.S.⎱ — Vu pour légalisation
de la Signature de M. Pélisse, Conseiller de Préfecture de la
Seine. Paris, le 1er juillet 1891. Pour le Ministre de l'Intérieur : M. le Chef du Bureau du Secrétariat délégué,
E. Pillot. ⎰L.S.⎱ — Le Ministre des Affaires Étrangères
certifie véritable la Signature de M. E. Pillot. Paris, le
1er juillet 1891. Pour le Ministre, Pour le Chef de Bureau
délégué : E. Corpel. ⎰L.S.⎱ — Service de l'Agent Comptable des Chancelleries. ⎰*Gratis*⎱

CERTIFICAT WORMS

(Guérison instantanée d'une diarrhée chronique, accompagnée de coliques.)

Je soussignée, *Worms* Adèle, demeurant 125, boulevard Voltaire, à Paris, anciennement maîtresse lingère à l'École Bischoffsheim, certifie sous serment que, vers l'époque de mon âge climatérique, arrivé à peu près entre 1879 et 1880, je souffrais chaque mois pendant trois semaines de dévoiements accompagnés de fortes coliques, et que, lorsque cette maladie avait déjà duré une année, M. Maurice Deutsch, médecin, habitant actuellement 10, rue Manuel, à Paris, a fait disparaître cette affection aussitôt que j'avais absorbé le remède (que je pris encore une fois le lendemain), et que, depuis, je n'ai jamais ressenti la moindre attaque, bien que plus de dix ans se sont écoulés depuis la guérison instantanée. — Paris, le 13 mai 1891. *A. Worms.*

Vu par Nous, Maire du XIe Arrond. Pour légalisation de la Signature de Mme Worms. Paris le 19 mai 1891, M. Duval, m. p. [L.S.] — Vu pour légalisation de la Signature de M. Duval, adjoint au Maire du 11e arrond., apposée ci-contre. Paris, le 20 juin 1891. Le Préfet de la Seine. Pour le Préfet : Le Conseiller de Préfecture délégué Pélisse. [L.S.] — Vu pour légalisation de la Signature de M. Pélisse, Conseiller de Préfecture de la Seine. Paris, le 1er juillet 1891. Pour le Ministre de l'Intérieur : M. le Chef du Bureau du Secrétariat délégué. E. Pillot. |L.S.| — Le Ministre des Affaires Étrangères certifie véritable la Signature de M. E. Pillot. Paris le 1er juillet 1891. Pour le ministre, Pour le Chef de Bureau délégué : E. Corpel |L.S.| — Service de l'Agent Comptable des Chancelleries. | Gratis |

CERTIFICAT BERTHIER
(Guérison d'une grave Névrose chronique.)

Je soussigné, Germain *Berthier*, Concierge-Commissionnaire, demeurant à Paris. 63, rue de Turbigo, déclare sous serment, que ma femme *avait été affectée depuis l'année 1858 d'une éruption sur le cou et la figure*, et que, lorsqu'un traitement extérieur avait fait disparaître cette maladie, *une Névrose des plus terribles s'était substituée*, qui affectait gravement ses facultés mentales, la fit pleurer jour et nuit, et la poussait dans son désespoir, à plusieurs reprises, de chercher à s'étrangler. *Cette Névrose était accompagnée de duretés et de sécheresses dans la bouche, qui furent parfois considérées comme cancéreuses;* et bien que nous avions eu recours à de nombreux médecins et même à un des plus célèbres Professeurs de la Faculté de Médecine de Paris, dont les prescriptions furent suivies pendant trois mois, le mal empirait toujours, et ce n'est que le traitement de M. Maurice *Deutsch*, Médecin, demeurant 10, rue

Manuel, à Paris, donné à ma femme pendant quatre années, qui a pu lui rendre le repos et la santé. Elle, dont le poids n'avait jamais dépassé 100 livres, et n'en avait plus que 88 lorsque M. Deutsch avait commencé le traitement, *a vu son poids accru jusqu'à 114 livres après la guérison, qui remonte déjà à plusieurs années*. En foi de quoi j'appose ici ma signature. — Paris, le 27 Mai 1891. *Berthier*. (Témoins : Simon et Moschel).

Vu par Nous, Maire du 9e Arrondissement de Paris, pour la légalisation de la Signature de M. Berthier, sur l'attestation des sieurs Moschel, rue Meslay, 55, et Simon, rue Turbigo, 63. Paris, le 27 Mai 1891 [L.S.] — Vu pour légalisation de la signature de M. Christen, adjoint au Maire du 3e Arrond., apposée ci-contre. Paris, le 20 juin 1891. Le Préfet de la Seine. Pour le Préfet : Le Conseiller de Préfecture délégué Pélisse. [L.S.] — Vu pour légalisation de la Signature de M. Pélisse, Conseiller de Préfecture de la Seine. Paris, le 1er juillet 1891. Pour le Ministre de l'Intérieur : M. le Chef du Bureau du Secrétariat délégué. E. Pillot. [L.S.] — Le Ministre des Affaires Étrangères certifie véritable la Signature de M. E. Pillot. Paris, le 1er juillet 1891. Pour le Ministre, Pour le Chef de Bureau délégué : E. Corpel. [L.S.] — Service de l'Agent Comptable des Chancelleries. [Gratis]

CERTIFICAT GROSJEAN (Isidore)
(Cure d'Influenza chronique à l'époque de l'Epidémie.)

Je soussigné, Isidore *Grosjean*, au service de

M. Failliot, Négociant, Adjoint au Maire du quatrième Arrondissement, demeurant 37, rue Sainte-
Croix-de-la-Bretonnerie, certifie sous serment, que
dans l'année 1889, *j'ai souffert d'une grave forme
d'Influenza,* qui a été traitée pendant deux mois sans
résultat. Sur la recommandation de mon frère,
j'ai été soigné par M. Maurice *Deutsch,* médecin,
demeurant 10, rue Manuel, à Paris, dont le traitement a fait disparaître après le premier jour les
sueurs nocturnes et les vomissements, que j'avais
sitôt après chaque repas, et cesser, ensuite, la maladie elle-même en trois mois. — Paris, le 6 Mai
1891. *J. Grosjean.*

Vu pour légalisation de la Signature de M. Grosjean,
apposée ci-dessus. Paris, le 11 mai 1891. Le Maire du
4ᵉ Arrondissement de Paris, L. Gaitet. [L.S.] — Vu pour
légalisation de la Signature de M. Gaitet, adjoint au
Maire du 4ᵉ Arrond., apposée ci-contre. Paris, le 20 juin
1891. Le Préfet de la Seine. Pour le Préfet : Le Conseiller
de Préfecture délégué Pélisse. [L.S.] — Vu pour légalisation de la Signature de M. Pélisse, Conseiller de Préfecture de la Seine. Paris, le 1ᵉʳ juillet 1891. Pour le
Ministre de l'Intérieur : M. le Chef du Bureau du Sécré-
tariat délégué. E. Pillot. [L.S.] — Le Ministre des Affaires
Étrangères certifie véritable la Signature de M. E. Pillot.
Paris, le 1ᵉʳ juillet 1891. Pour le Ministre, Pour le Chef
de Bureau délégué : E. Corpel. [L.S.] — Service de l'Agent
Comptable des Chancelleries. [*Gratis*]

CERTIFICAT GROSJEAN
(Louis-Apollinaire)
(Guérison rapide d'un cas d'Influenza à l'époque de l'Epidémie.)

Je soussigné, *Grosjean* Louis-Apollinaire, Employé au Crédit Foncier, demeurant à Paris, 5, rue Casimir-Delavigne, certifie sous serment, que Monsieur Maurice Deutsch, médecin, demeurant à Paris, 10, rue Manuel, m'a traité *à l'époque de l'Influenza* pour cette maladie, avec le résultat, que le lendemain de la première médication la toux avait disparu, et après dix jours la maladie elle-même. — Paris, le vingt et un Mai mil huit cent quatre-vingt-onze. *A. Grosjean.* Témoins : *L. Blanc, G. Rodrig.*

Sur l'attestation de Blanc Louis, fruitier, rue des Quatre-Vents, 7, et Rodrig Gustave, marchand boucher, 2, rue des Quatre-Vents : Vu pour légalisation de la Signature de M. A. Grosjean, Paris, le 21 Mai 1891. Pour le Maire du 6° Arrondissement, Hetzel [L.S.] — Vu pour légalisation de la Signature de M. Hetzel, adjoint au Maire du 6° arrondissement, apposée ci-dessus, Paris, le 20 Juin 1891. Le Préfet de la Seine. Pour le Préfet : Le Conseiller de Préfecture délégué Pélisse. [L.S.] — Vu pour légalisation de la Signature de M. Pélisse, Conseiller de Préfecture de la Seine. Paris, le 1er juillet 1891. Pour le Ministre de l'Intérieur : M. le Chef du Bureau du Secrétariat délégué. E. Pillot. [L.S.] — Le Ministre des Affaires Étrangères certifie véritable la Signature de M. E. Pillot. Paris, le 1er juillet

1891. Pour le ministre, Pour le Chef de Bureau délégué : E. Corpel. |L.S.| — Service de l'Agent Comptable des Chancelleries. | *Gratis* |

CERTIFICAT RAULLOT
(Guérison rapide d'un cas d'Influenza à l'époque de l'Epidémie.)

Je soussigné, *Raullot* Edouard, ancien officier d'infanterie, demeurant à Paris-Auteuil, 15, rue Chanez, certifie, sous serment, que mon fils Victor, actuellement au Brésil, lorsqu'en 1890 il était employé à la maison de banque Blondel et Garnier, souffrait de l'*Influenza*, et que le deuxième jour de la maladie il avait pris le médicament de Monsieur Maurice Deutsch, médecin, résidant au n° 10, rue Manuel, à Paris, lequel avait mis fin à la maladie le lendemain, tandis que ses collègues qui avaient été attaqués par ladite Influenza, et traités d'après la méthode ordinaire, ne furent guéris qu'après un traitement de plusieurs semaines. — Fait à Paris-Auteuil, le 12 Mai 1891. — Raullot.

Vu pour certification matérielle de la Signature de M. Raullot, apposée devant nous. Le Maire Bidault. |L.S.| — Vu pour légalisation de la Signature de M. Bidault, adjoint au Maire du 16ᵉ Arrond., apposée ci-contre. Paris, le 20 juin 1891. Le Préfet de la Seine. Pour le Préfet : Le Conseiller de Préfecture délégué Pélisse. |L.S.| — Vu pour légalisation de la Signature de M. Pélisse,

Conseiller de Préfecture de la Seine. Paris, le 1er juillet 1891.
Pour le Ministre de l'Intérieur : M. le Chef de Bureau du
Secrétariat délégué. E. Pillot. |L.S.| — Le Ministre des
Affaires Étrangères certifie véritable la Signature de M.
E. Pillot. Paris, le 1er juillet 1891. Pour le Ministre, Pour
le Chef de Bureau délégué : E. Corpel. |L.S.| — Service de
l'Agent Comptable des Chancelleries. | *Gratis* |

CERTIFICAT DEBES

(Guérison rapide d'un cas d'Influenza à l'époque de l'Epidémie.)

Je soussigné, Georges Debes, Sous-prote à l'Imprimerie Paul Dupont, demeurant 4, rue du Bouloi,
à Paris, déclare sous serment, qu'en 1889, atteint
par l'épidémie d'Influenza, je commençais à prendre,
au quatrième jour de la maladie, le médicament de
M. le Docteur *Deutsch* (Maurice), demeurant 10, rue
Manuel à Paris, et que la première cuillerée, que
j'en bus, suffit à arrêter les vomissements. Deux
jours après, j'étais guéri complètement. 25 Mai 1891.
Debes. — Témoins : Routier. — Guérin.

Vu par Nous, Maire du premier Arrondissement de
Paris, pour légalisation de la Signature de M. Debes, sur
l'attestation des sieurs Routier aîné, serrurier, rue
J.-J.-Rousseau, 4, et Guérin Auguste, menuisier, id. 20.
Paris, le 25 Mai 1891. Le Maire Muzard. |L.S.| — Vu pour
légalisation de la Signature de M. Muzard, adjoint au Maire
du 1er Arrond., apposée ci-contre. Paris, le 20 juin 1891.
Le Préfet de la Seine. Pour le Préfet : Le Conseiller

de Préfecture délégué Pélisse. [L.S.] — Vu pour légalisation de la Signature de M. Pélisse, Conseiller de Préfecture de la Seine. Paris, le 1er juillet 1891. Pour le Ministre de l'Intérieur : M. le Chef du Bureau du Secrétariat délégué. E. Pillot. [L.S.] — Le Ministre des Affaires Étrangères certifie véritable la signature de M. E. Pillot. Paris, le 1er juillet 1891. Pour le Ministre, Pour le Chef de Bureau délégué : E. Corpel. [L.S.] — Service de l'Agent Comptable des Chancelleries. [Gratis]

·CERTIFICAT Vve LEROY
Suivi du Certificat Militaire Officiel
(Cure de fièvre sénégalienne et d'anémie coloniale de dix-huit mois.)

Adamville, 22 août 1891. — Je soussignée, Veuve *Leroy* Aspasie, demeurant, 41, rue de la République, à Adamville (Seine), déclare sous serment que mon petit-fils *Emile Bayon* âgé de vingt-un ans, servant comme Volontaire dans le Sixième Régiment d'Infanterie de Marine, présentement en Congé pour trois mois comme atteint d'Anémie depuis dix-huit mois, a été traité pour fièvre coloniale Sénégalienne depuis quelque temps par Monsieur le Médecin Maurice Deutsch, demeurant, 10 rue Manuel, à Paris, et que mon petit-fils est maintenant complétement rétabli. En foi de quoi je signe — approuvé l'écriture ci-dessus 22 avril 1891, *Veuve Leroy*.

Vu pour légalisation de la Signature de Mme Ve Leroy. St-Maur, le 22 août 1891. Le Maire : Paillard, adj. [L.S.]

— Vu pour légalisation de la Signature de M. Paillard, adjoint au Maire de St-Maur, apposée ci-dessus, Paris, le 27 août 1891. Le Préfet de la Seine, Pour le Préfet, le Conseiller de Préfecture délégué : *Lavallée.* [L.S.] — Vu pour légalisation de la Signature de M. Lavallée, Conseiller de Préfecture, Paris, le 28 Avril 1891, Pour le Ministre de l'Intérieur, Pour le Chef de Bureau délégué : *A. Serrant.* [L.S.] — Le Ministre des Affaires Étrangères certifie véritable la Signature de M. Serrant. Paris, le 28 août 1891, Pour le Ministre, Pour le Chef de Bureau délégué : E. Corpel. [L.S.]

COPIE
Du Certificat Militaire officiel décerné avant mon traitement au clairon Bayon.

Port de Brest. — Service de Santé. — 6ᵉ Régiment d'Infanterie de Marine.— Je soussigné, Chirurgien-Major au 6ᵉ Régiment d'Infanterie de Marine, après avoir visité en présence du Chef de Corps, le nommé *Bayon* A. 27042, Clairon à la 1ʳᵉ Compagnie du 4ᵉ Bataillon,— Certifions avoir reconnu qu'il est atteint d'anémie coloniale. En conséquence, estimons qu'il a besoin d'un congé de convalescence à passer à Paris, rue Guilhem Nº 20 (Seine).— A Poutanézeu, le 26 juin 1891. Le Médecin-Major : (Signature illisible).— Le Colonel : (Signature illisible).

Certifié conforme à l'original qui nous a été présenté. Saint-Maur, 25 août 1891. Le Maire : Paillard, adj. [L.S.] — Vu pour légalisation de la Signature de M. Paillard, adjoint au Maire de St-Maur, apposée ci-dessus, Paris, le 27 août 1891. Le Préfet de la Seine. Pour le Préfet. Le Conseiller de Préfecture délégué : *Lavallée*. [L.S.] — Vu pour légalisation de la Signature de M. Lavallée, Conseiller de Préfecture, Paris, le 28 avril 1891. Pour le Ministre de l'Intérieur, Pour le Chef de Bureau délégué : *A. Serrant*. [L.S.] — Le Ministre des Affaires Étrangères certifie véritable la Signature de M. Serrant. Paris, le 28 août 1891. Pour le Ministre, Pour le Chef de Bureau délégué : E. Corpol. [L.S.]

Deux Cures miraculeuses

Dont la publication faite dans un Mémoire de 1884, a été fatale à ceux, dont elle s'occupe dans deux passages les concernant ; et en ajoutant, que je n'hésiterais pas, si requis, à donner des détails à qui de droit, je reproduis ici intégralement les deux très importants passages, auxquels ci-dessus j'ai fait allusion.

« Dans l'*hôpital de la Pitié, à Paris*, j'avais obtenu,
« au mois de décembre 1879, sur la recommandation
« du docteur Dureau, bibliothécaire de l'Académie
« de Médecine, d'y pouvoir traiter un ancien
« militaire, cordonnier de son état, nommé *Félix Go-*
« *laudie*, et appartenant maintenant au 29e régiment
« d'infanterie territoriale. Lorsque, à l'époque de
« son service actif, il formait un membre du 2e ré-
« giment des zouaves, stationné en Algérie, il avait
« contracté, étant au camp Magenta, une fièvre qui,
« en Afrique, avait été traitée depuis le mois d'oc-

« lobre 1872 jusqu'au mois de mars 1873, et en-
« suite autres trois mois, dans la dernière partie de
« la même année, à l'hôpital militaire du Gros-
« Caillou à Paris, dans lequel dernier établissement
« on venait à bout de la maladie, en ayant recours
« à l'emploi de l'arséniate de soude. Plus tard, il
« s'était formé peu à peu une maladie chronique,
« qui avait atteint son entier développement en
« 1878; et, comme il importe de montrer les
« résultats funestes du traitement officiel des fièvres
« et de mettre en regard ceux obtenus par l'emploi
« de mon Anti-fébrile, je donne ici l'image de la ma-
« ladie, tel qu'il résulte de l'anamnèse : *Saignements*
« *de nez journaliers depuis deux ans, — douleurs dans*
« *les marges de l'os iliaque, — très violente toux, —*
« *hypertrophie du foie, mesurant, suivant les constata-*
« *tions faites à l'hôpital, 27 centimètres de hauteur, —*
« *hypertrophie de la rate, — douleurs dans les hypo-*
« *chondres, les reins et la région hypogastrique, —*
« *ralentissement dans la circulation du sang, réduisant*
« *à quinze par minute le nombre des pulsations et*
« *privant de toute chaleur les extrémités inférieures,*
« *— le repos sur le côté gauche impossible, même pour*
« *quelques instants, tandis que de l'autre part le déve-*
« *loppement périphérique des organes hypertrophiés ne*
« *permit pas au malade le boutonnement de son panta-*
« *lon, maintenu, par compensation, moyennant une*
« *ceinture.*

« Le malade, après avoir été traité en dernier lieu
« par le docteur Paulier, ancien interne des hôpi-
« taux, fut, sur les recommandations de ce dernier,
« admis dans l'hôpital de la Pitié, le 25 octobre
« 1879, où il était couché sous le n° 10, salle
« Sainte-Marthe, et traité pour *anémie*. Ayant
« moi-même, comme déjà noté, commencé le trai-
« tement de Golaudin au mois de décembre de la
« même année, je l'avais continué pendant un mois
« à la Pitié et pendant autres treize mois à son
« domicile avec ce résultat définitif, que tous les
« symptômes plus haut cités, aussi bien que les
« deux tiers des taches jaunes qui couvraient le
« front entier, avaient disparu, et que son poids
« qui, avant son entrée à l'hôpital avait été de cent
« dix livres, s'était accru de vingt et une livres, et
« cela nonobstant la disparition des énormes hyper-
« trophies ci-dessus mentionnées. Après sa guérison,
« j'avais amené M. Golaudin à la Pitié, où M. le
« Chef de service, le Docteur Lancereaux, membre
« de l'Académie de Médecine, sous les auspices
« duquel je l'y avais traité, a constaté, par un
« examen sur le corps nu, les résultats obtenus ;
« mais ce qui est plus concluant que toute autre
« preuve rationnelle, c'est le fait qu'il avait été
« trouvé apte à faire, et qu'il a effectivement fait
« avec sa classe son service de territorialiste, et
« qu'il a supporté toutes les fatigues sans dété-

« rioration de sa santé. **M.** Golaudin demeure ac-
« tuellement à Saintry, près Corbeil (Seine-et-Oise).

**

« **M.** *Schweizer*, employé au Ministère des Postes
« et Télégraphes et mari de ma concierge, a eu
« *une affection chronique du cœur, accompagnée d'un*
« *intense asthme,* et que les uns avaient dénommée,
« *anévrisme,* et d'autres *déplacement du cœur;* cette
« maladie avait été déclarée mortelle par le dernier
« médecin traitant, le docteur Rousseau, envoyé par
« l'Administration des Postes et Télégraphes. De-
« puis mon traitement, qui a suivi celui du médecin
« précité, c'est-à-dire depuis plus d'un an, il n'y a
« plus vestige de l'affection du cœur, mais bien à de
« très rares intervalles une recurrence d'un léger
« asthme, due à son refus, depuis la disparition de
« sa maladie du cœur, de renoncer au fumer et à
« l'usage du vin; mais **M.** Schweizer a depuis
« longtemps pu reprendre son service, dont la
« nature a même été changée pour éviter un retour
« de la maladie du cœur. »

MONOGRAPHIE

concernant le cas Vallée

(Un important cas de maladie, traité d'abord par la
méthode antiseptique dans l'Hôpital Saint-Louis, à Paris,
et hors de l'Hôpital par deux autres médecins moyennant

la même méthode et avec des effets désastreux ; et ensuite par ma méthode à moi, avec des résultats tout à fait opposés et ayant pour sanction la guérison complète.)

Pour que la lumière soit faite entièrement, et pour faciliter l'appréciation du sujet en question, je produirai les trois documents y ayant trait dans l'ordre suivant : D'abord le *Visum Repertum* n° I, dans lequel M. le Docteur Prengrueber, Chirurgien des Hôpitaux de Paris, fournit la description de l'état de la maladie, tel qu'il apparaissait à la vue, après que la malade avait subi pendant deux mois mon traitement d'après la méthode à moi ; et, ensuite, le *Visum Repertum* n° II, décerné par le même médecin récemment, c'est-à-dire, *deux ans après que la guérison avait été effectuée.* Ces deux documents seront enfin complétés par un *troisième*, qui constitue le certificat assermenté et signé par la personne guérie, et lequel contient l'Anamnèse, c'est-à-dire, la genèse de la maladie, et les effets des différents traitements.

VISUM REPERTUM N° I

(Délivré par le Dr Prengrueber, Chirurgien des Hôpitaux de Paris, le 8 septem. 1888.)

Je soussigné, chirurgien des Hôpitaux, demeurant à Paris, 32, rue des Mathurins, certifie que Mme Vve Vallée, 32, rue Réaumur, présente à l'heure actuelle les altérations suivantes : *La peau de la jambe gauche présente dans les trois quarts de sa circonférence interne, dans une hauteur de 20 centimètres, une teinte violacée très prononcée, elle est couverte de squammes nombreuses, au-dessous desquelles se trouvent des exulcérations superficielles. — Au-dessus, le membre est le siège d'un œdème considérable avec rougeur érysipélateuse de la peau.* Cette lésion gêne considérablement la marche, rend sa profession de blanchisseuse, qui exige la station debout, particulièrement pénible, parce qu'elle l'expose à des ulcérations guérissables, qui pourraient être fort difficiles à guérir. En foi de quoi je lui ai donné le présent Certificat pour servir ce que de droit. Paris, le 8 Septembre 1888. Signé : *Dr Prengrueber*, 32, rue des Mathurins.

VISUM REPERTUM N° II

(Délivré par le Dr Prengrueber, Chirurgien des Hôpitaux de Paris, le 22 Juillet 1891.)

Je soussigné, chirurgien des Hôpitaux, demeurant à Paris, 32, rue des Mathurins, certifie que Mme Vve Vallée, 32, rue Réaumur, présente à l'heure actuelle la vision suivante : *La peau de la jambe gauche, lisse et polie, présente dans sa moitié interne une teinte cuivrée peu prononcée. En aucun point elle n'est ulcérée. Le membre dans son ensemble est le siège des grosses varices des femmes.* — En foi de quoi je lui ai donné le présent certificat, pour jouir ce que de droit. Signé : *Dr Prengrueber.* — *Paris, 22 juillet 1891.*

CERTIFICAT VALLÉE

Je soussignée, Veuve *Julie Vallée,* blanchisseuse, demeurant 32, rue Réaumur, à Paris, certifie sous serment que, au mois d'Avril 1887, *un cor coupé au petit doigt du pied gauche, avait engendré un mal blanc, qui avait dégénéré en une éruption érésipélateuse, dont la violente démangeaison m'avait irrésistiblement poussée à la gratter. ce qui a fait naître de grosses squammes, couvrant toute la partie intérieure de la jambe gauche, située entre le genou et le pied, de fort laides exulcérations, et une enflure, mesurant dans sa plus forte circonférence 48 centimètres, et qui formaient ensemble une source d'indicibles souffrances.* Je fus traitée par deux médecins, et en même temps par un troisième dans l'hôpital St-Louis, qui tous les trois déclarèrent ma maladie être *des varices ulcéreuses, crevées à l'intérieur,* et tous aussi me prescrivirent l'application de l'eau phéniquée et des cataplasmes, mais qui n'empêchèrent pas mon mal d'empirer de jour en jour. C'est alors qu'une de mes clientes, qui elle-même fut guérie d'une grave maladie par Monsieur Maurice Deutsch, médecin, habitant 10, rue Manuel, à Paris, me donna son adresse, et c'est à son traitement que je dois la fin de mes souffrances et ma guérison, qui remonte déjà à deux ans, et qui a fait disparaitre les horribles squammes, les exulcérations et l'enflure, de sorte que ma jambe gauche, qui avait eu 48 centimètres de tour, n'en a aujourd'hui que 39.

Il me reste encore à ajouter, que lorsque Monsieur le D' *Prengrueber*, chirurgien des hôpitaux de Paris, m'avait donné la description de ma maladie, j'étais déjà plus qu'à deux tiers guérie par Monsieur Deutsch, et il était ainsi difficile à se rendre un compte exact de l'horrible état dans lequel s'était trouvée ma jambe à l'époque où je m'étais confiée aux soins du médecin précité, c'est-à-dire deux mois avant d'avoir été inspectée par le D' Prengrueber. En foi de quoi je délivre avec une extrème gratitude le Certificat, qui est grandement au-dessous des services que m'a rendus mon sauveur. — Paris, le 28 Juillet 1891.

Vu par nous Maire du IIIe Arrondissement, pour légalisation de la Signature de Mme Vallée Julie, demeurant 32, rue Réaumur, sur l'attestation des sieurs Charbonnier Jean, charbonnier, rue Réaumur 34, et Berthier Germain, commissionnaire, rue Turbigo, 63. Paris le 28 juillet 1891. Pour le Maire : Mansuy. [L.S.] — Vu pour légalisation de la Signature de M. Mansuy, adjoint au Maire du IIIe Arrondissement, apposée ci-contre. Paris le 30 juillet 1891. Le Préfet de la Seine, Pour le Préfet. Le Conseiller de Préfecture délégué : de Claussonne. [L.S.] — Vu pour légalisation de la Signature de M. de Claussonne, Conseiller de

Préfecture. Paris, le 31 juillet 1891. Pour le Ministre de l'Intérieur, Pour le Chef de Bureau du Secrétariat délégué: A. Serrant. [S.L.] — Le Ministre des Affaires Étrangères certifie véritables les signatures de MM. de Claussonne et Serrant, Paris, le 31 Juillet 1891. Pour le Ministre. Pour le Chef de bureau délégué, M. Boullay. [L.S.]

CERTIFICAT SOLOMON JOSEPH
TRADUCTION

(Cure de Surdité décennale et d'Obstruction nasale.)

Je, Solomon Joseph, N° 9, Kings Street, Aldgate, dans la Cité de Londres, teneur d'un Café, étant désireux que des personnes affectées de surdité puissent profiter du traitement de *M. Maurice Deutsch*, Médecin, 29, Newnham Street, Goodman's Fields, à Londres, et lequel, j'entends, est spécifique, — déclare solennellement et sincèrement, *Que* mon fils Hyam Joseph était affecté depuis dix ans de surdité et d'une absence totale de sécrétion nasale, dues à une fièvre, — que je l'avais soumis, de temps en temps, à de nombreux médecins, qui tous manquèrent soit de restaurer son ouïe, ou de frayer un passage par les narines, — *que* dès Janvier mil huit cent cinquante-six on m'avait recommandé de le mettre sous le traitement du précité Maurice Deutsch, qui le soignait pendant quatre mois du plus défavorable et inclément temps, qui avait matériellement affecté et retardé le succès des remèdes, *Que* M. Deutsch avait employés, — que nonobstant ce désavantage M. Deutsch a effectué une complète cure des deux maux, dont mon fils Hyam Joseph avait souffert; de sorte qu'il peut maintenant entendre distinctement et comme un, dont l'ouïe n'a jamais été affectée, et le passage nasal est parfaitement libre et ouvert. — *Et* je fais cette solennelle déclaration, croyant consciencieusement cela être la vérité et en vertu des provisions d'un Acte fait et passé dans les cinquième et sixième années de Sa Majesté défunte Guillaume Quatre sous ce titre : « Un Acte pour révoquer un Acte de la présente Session du Parlement, intitulé un Acte pour une plus effective abolition de serments et affirmations, pris et faits dans différents Départements de l'État et de substituer des Déclarations en leur lieu et pour la plus entière suppression des volontaires et extrajudiciaires Serments et Affirmations, et pour faire d'autres provisions pour l'abolition de serments innécessaires. » *Solomon Joseph*.

Déclaré dans mon Bureau, situé 15, Fish Street Hill, dans la Cité de Londres, ce seizième jour de juillet 1856. *Rupert Rains*, Notaire public. — Nº 1739. Vu au Consulat Général de France en Angleterre. Pour légalisation de la Signature et des autres parts de M. Rupert Rains, Notaire public en cette Ville. Londres, ce dix-huit juillet mil huit cent cinquante-six, art.58 nº 1380. Pour le Consul

Général, et par autorisation le Chancelier : Boisselier |L.S.| |*Gratis*| — Le Ministre des Affaires Étrangères certifie véritable la Signature de M. Boisselier. Paris, le 8 juillet 1891. Pour le Ministre, pour le Chef de Bureau délégué E. Corpel. |L.S.| |*Gratis*|

CERTIFICAT SOLOMON JOSEPH ORIGINAL

(Cure d'une Surdité décennale et d'Obstruction nasale.)

I, *Solomon Joseph*, of N° 9, King Street, Aldgate, in the City of London, Coffee house keeper, being desirous that Persons labouring under *Deafness* may benefit from the Treatment of *Mr. Maurice Deutsch*, Physician, 29, Newnham Street, Goodman's Fields, London, and which I understand is peculiar, — Do solemnly and sincerly *Declare* — That my son, Hyam Joseph, was for ten years afflicted with Deafness and a total absence of nasal secretion arising from fever,—That I placed him from time to time under many medical men who all failed either to restore his Hearing or to effect a passage through the nostrils, — That in January one thousand eight hundred and fifty six, I was recommended to put him under the treatment of the above mentioned Maurice Deutsch, and who attended him during four months of most unfavourable and inclement weather, which materially affected and retarded the success of those remedies which Mr. Deutsch applied, — *That* notwithstanding this drawback Mr. Deutsch effected a complete cure of both the complaints under which my son Hyam Joseph laboured, so much so that he can now hear distinctly and as one whose hearing has never been affected, and the nasal passage is perfectly clear and open. — *And* I make this solemn Declaration conscienciously believing the same to be true, and by virtue of the provisions of an Act — made and passed in the fifth and sixth Years of his late Majesty William the fourth entitled « An Act to repeal an Act of the present Session of Parliament intituled An Act for the more effectual abolition of oaths and affirmations taken and made in various Départments of the State and to substitute Declarations in lieu thereof and for the more entire suppression of voluntary and extrajudicial Oaths and Affidavits and to make other provisions for the abolition of unnecessary oaths. » — *Solomon Joseph.*

Declared at my Office sit. 15 Fish Street Hill in the City of London this sixteenth day of july 1856. Before me *Rupert Rains*, Notary public. — Nᵒ 1739. Vu au Consulat Général de France en Angleterre, Pour légalisation de la Signature et des autres parts de M. Rupert Rains, notaire public en cette Ville. Londres ce dix-huit juillet mil huit cent cinquante-six, art. 58 nᵒ 1380. Le Consul Général par autorisation, Le Chancelier : Boisselier, m. p. |L.S.| |*Gratis*| — Le Ministre des Affaires Étrangères certifie véritable la Signature de M. Boisselier. Paris, le 8 juillet 1891. Pour le Ministre, Pour le Chef de Bureau délégué : E. Corpel.

| L.S. | *Gratis* |

TRADUCTION CERTIFICAT ALVIS
(Cure de Phtisie chronique.)

Je, *Levi Alvis*, demeurant 49, Woodbridge Street, Hartford (Connecticut), certifie sous serment solennel que ma maladie, qui commençait dans l'année 1872 avec crachement de sang et dégénérait en phtisie, accompagnée de douleurs atroces dans mon bras gauche et dans mon foie, fut traitée par différents médecins célèbres et me forçait de renoncer à mes occupations habituelles comme marchand voyageur et à vendre mon cheval et ma voiture, jusqu'à ce que le hasard me rendant témoin d'une cure instantanée d'un intense mal de tête, accomplie par le Dr. Maurice Deutsch, demeurant N° 62, Pleasant Street, dans cette ville, m'avait déterminé, de me soumettre aux soins médicaux du Médecin précité, lequel non seulement m'a ramené à l'état de santé antérieur, mais a, en outre, imparti à ma constitution délabrée une telle vigueur, que j'ai beaucoup meilleure mine depuis mon rétablissement que je n'en ai jamais eu avant le premier commencement de ma maladie et que tous ceux qui me connaissent depuis de longues années sont étonnés sur le changement effectué dans mon aspect corporel. Dix-huit mois se sont écoulés maintenant depuis mon parfait rétablissement, et rien n'est arrivé pour produire un changement dans ces résultats. Signé : *Levi Alvis*.

Hartford, 14 Juin 1875. État de Connecticut, Ville et Comté de Hartford. Alors s'est présenté devant moi personnellement, Levi Alvis, le signataire du Certificat ci-dessus et a fait un serment solennel sur la vérité de la matière qu'il renferme. J. E. Hunt, Notaire public. [L.S.] — État de Connecticut. Office du Secrétaire d'État. Je certifie par les présentes que L. E. Hunt fut à l'époque, où il signait l'Attestation annexée, dans l'État nommé, Notaire public dûment constitué et commissionné, et que la signature dudit L. E. Hunter y affixée est véritable. Témoin ma main et le Sceau de l'État, à Hartford le 15° jour de juin A. D. 1875. F. A. Spalding, Sous-Secrétaire. m. p. [L.S.]

ORIGINAL CERTIFICAT ALVIS
(Cure de Phtisie Chronique.)

I, *Levi Alvis*, residing at 49 Woodbridge Street, Hartford. Conn., certify under solemn oath that my sickness, which commenced in the year 1872 with spitting of blood and degenerated into consumption, accompanied with atrocious pains in my left arm and in the liver, was vainly treated by several physicians of renown, and compelled me to give up my usual occupation as peddler, and sell out my horse and wagon, until by a fortuitous witnessing of an instantaneous cure of severe headache performed by Dr. Maurice Deutsch, residing at No. 62 Pleasant Street, in this City, I was induced to put myself under the medical care of the aforesaid physician, who not only restored me to my former health, but has besides imparted such a vigor into my dilapidated constitution, that I look much better since my recovery than I did even before the first commencement of my illness, and that all those who know me for many years are astonished at the *change* wrought in my bodily appearance. Eighteen months have now elapsed since my full recovery and nothing has arrived to produce a change in those results. *Levi Alvis.*

Hartford, June 14th, 1875. State of Connecticut, City and County of Hartford. Then personnally appeared before me, Levi Alvis, the signer of the above certificate and made solemn oath to the truth of the matter therein contained. L. E. Hunt, Notary public. [L.S.] — State of Connecticut. Office of Secretary of State. I hereby certify that L. E. Hunter was at the time of subscribing the annexed attestation a Notary public in said State duly constituted and commissioned, and that the signature of the said L. E. Hunt thertho affixed is genuine. Witness my hand and the seal of the State at Hartford this 15th. day of June A. D. 1875. F. A. Spalding Asst. Secretary. m. p. [L.S.]

CERTIFICAT ELDRIDGE
TRADUCTION
(Cure de Surdité aiguë.)

Je, *Joseph H. Eldridge*, Entrepreneur, demeurant 121, Ann Street, à Hartford, Connecticut, atteste sous serment solennel, que ma fille Katie, âgée de dix ans, avait permission, juste quand elle venait d'être rétablie d'un fort refroidissement, par le Docteur Maurice Deutsch, résidant 62, Pleasant Street, dans cette ville, d'aller de nouveau à l'école, et que, à la suite d'un nouveau refroidissement, elle était devenue sourde dans un haut degré et fut, en outre, tourmentée par des bruits dans l'oreille, sifflements dans le front et un sentiment de bouillonnement, existant dans l'organe de l'ouïe, et que, après que cet état de choses avait continué pendant une semaine, le médecin ci-dessus mentionné avait commencé le traitement de la surdité de mon enfant et réussi de rétablir sa parfaite ouïe en sept jours. *Joseph H. Eldridge*.

Etat de Connecticut, Comté de Hartford. Hartford, 20 janvier 1876. Alors se présenta devant moi personnellement Joseph H. Eldridge, le signataire du Certificat ci-dessus, et fit serment solennel sur la vérité de la matière, souscrite par lui. *Eugène D. Fisk*, Notaire public ⎣L.S.⎦ — Etat de Connecticut. Bureau du Secrétaire d'Etat. Je certifie par ceci que Eugène D. Fisk était, à l'époque où il signait l'attestation annexée, un Notaire public dans le nommé Etat, et que la Signature du mentionné Eugène D. Fisk y attachée est génuine. Témoin ma main et le Sceau de l'Etat, à Hartford ce 21me jour de janvier A. D. 1876 *F. W. Spalding,* Sous-Secrétaire d'Etat. |L.S.|

CERTIFICAT ELDRIDGE
ORIGINAL
(Cure de Surdité aiguë.)

I, *Joseph H. Eldridge,* undertaker, residing at 121, Ann Street, in Hartford, Connecticut, attest under solemn oath, that my daughter Katy, aged ten years, was three weeks ago, when just restored from a severe Cold by Dr. Maurice Deutsch, residing at 62, Pleasant Street, in this City, allowed again to go to school, and in consequence of a fresh Cold became deaf in a high degree, and was besides tormented by noises in the Ear, squeaking in the forehead and a feeling of bubbles existing in the organ of hearing, and that after this state of things had continued for a week, the above named Physician commenced the treatment of my child's deafness and succeeded in restoring her perfect hearing in seven days. *Joseph H. Eldridge.*

State of Connecticut, County of Hartford. Hartford, january 20, 1876. Then personally appeared before me Joseph H. Eldridge, the signer of the foregoing certificate and made solemn oath to the truth of the matter by him subscribed. *Eugène D. Fisk*, Notary public. ⟨L.S.⟩ — State of Connecticut, office of Secretary of State. I hereby certify that Eugène D. Fisk was at the time of subscribing the annexed attestation a Notary public in said State and that the Signature of the said Eugène D. Fisk thereto affixed is genuine. Witness my hand aid the Seal of the State at Hartford this 21ˢ day of January A. D. 1876. *F. W. Spalding*, Assistant Secretary of State. ⟨L.S.⟩

TRADUCTION
CERTIFICAT McKENZIE
(Effets prompts et infaillibles de mon Antihelminthique.)

Je, *John McKenzie*, fabricant de bottes et chaussures, tenant ma boutique au N° 354 ½, Maine Street et résidant 37, Bellevue Street, à Hartford (Connecticut), atteste sous serment solennel, que ma fille *Suella*, âgée de douze ans, a été pendant à peu près trois ans affligée de vers, qui lui causèrent de grandes souffrances spécialement chaque soir et chaque matin, affaiblirent son appétit et détériorèrent sa santé aussi sous d'autres rapports, — que tous les célèbres médicaments patentés restèrent sans le moindre effet, et que ce n'est qu'en 1873, après un très court traitement par le Docteur Maurice Deutsch, demeurant au N° 62, Pleasant Street, en cette ville, qu'elle fut complètement et pour toujours guérie de sa maladie. Signé : *John McKenzie.*

Etat de Connecticut, City et Comté de Hartford. Hartford, 1er juin 1875. Alors apparut personnellement devant moi John McKenzie, le signataire du certificat ci-dessus et fit un serment solennel concernant la véracité de la matière y contenue, *L. E. Hunt,* Notaire Public. |L.S.| — Etat de Connecticut, Bureaux du Secrétaire d'Etat. Je certifie par les présentes, que L. E. Hunt était à l'époque, où il signait l'attestation annexée, un Notaire public dans l'Etat nommé, et que la signature du nommé L. E. Hunt, ci-dessus affixée est véritable. Témoin ma main et le Sceau de l'Etat, à Hartford, ce 3me jour de juin A. D. 1875. *F. N. Spalding,* Sous-Secrétaire d'Etat. |L.S.|

ORIGINAL CERTIFICAT McKENZIE
(Effets prompts et infaillibles de mon Antihelmintique.)

I, *John McKenzie,* boot and shoemaker, keeping my shop at 354 ½, Maine Street, and residing at 37, Bellevue Street, in Hartford (Connecticut), attest under solemn oath, that my daughter *Suella,* aged 12 years, has been afflicted for about three years with worms, which caused her great sufferings, especially every evening and morning, impaired her appetite and injured her health otherwise ; — that all the renowned Patent Medicines remained without the least effect, and that it was in the year 1873 only, after a very short treatment by Dr. Mau-

rice Deutsch, residing at N° 62, Pleasant Street, in
this city, that shee was completely et for ever cured
of her disease. *John McKenzie*, m. p.

State of Connecticut, city and County of Hartford. Hartford June 1ᵉʳ 1875. Then personally appeared before me,
John McKenzie, the signer of the above certificate and made
solemn oath to the truth of the matter therein contained.
L. E, Hunt, Notary public [L.S.] — State of Connecticut,
office of Secretary of State. I hereby certifie, that L. E.
Hunt, was at the time of subscribing the annexed attestation, a Notary public in the said State and that the Signature of the said L. E. Hunt, thereto affixed, is genuine.
Witness my hand and the Seal of the State at Hartford
this third day of June A. D. 1875. Signed ; F. W. Spalding, assistant Secretary of State. [L.S.]

TRADUCTION CERTIFICAT COHN N° I
(Cure de Goutte mercurielle.)

Je, *Wm. K. Cohn*, tenant un débit de tabac dans
Allyn House, Asylum Street, et demeurant N° 33
Church Street à Hartford (Connecticut), certifie
sous serment solennel, que dans le commencement
de Mars 1875, après avoir fait usage, suivant une
habitude antérieure, de purgatifs et des pilules bleues,
j'avais eu une attaque de *goutte mercurielle* dans les
extrémités supérieures et inférieures, accompagnées
d'enflures des parties ainsi affectées et de toutes les
souffrances usuelles, inhérentes à cette affection, et
que, après un traitement de deux mois par le Dr.

Maurice Deutsch, demeurant 62, Pleasant Street, dans cette ville, je suis complètement guéri et que je jouis de ma santé antérieure. — *W. K. Cohn.*

État de Connecticut, ville et comté de Hartford. Mai 21, 1875. Alors s'était personnellement présenté devant moi W. H. Kohn, le signataire du certificat ci-dessus et fait serment solennel sur la véracité de la matière y renfermée. Chas. E. Fellows, notaire Public m. p. |L.S.| — État de Connecticut, Office du Secrétaire d'État. Je certifie par ceci que Chas. E. Fellows était, à l'époque où il signait l'attestation annexée, Notaire public dans ledit État, et que la Signature du nommé Chas. E. Fellows y affixée est véritable. Témoin ma main et le Sceau de l'État, à Hartford ce troisième jour de juin, A. D. 1873. Signé : E. W. Spalding, Sous-Secrétaire d'État. |L.S.|

ORIGINAL CERTIFICAT COHN N° I
(Cure de Goutte mercurielle.)

I, *W. K. Cohn,* Keeping a Tobacco Store at the Allyn House, in Asylum Street, and residing at N° 33 Church Street, Hartford (Connecticut), attest under solemn oath, that in the commencement of March 1875, I was, after having made use of catharetics and blue pills, according to a prior habitude, attacked with *Mercurial Gout in the upper and lower extremities, accompanied with swellings of the parts so affected and all the usual torments inherent to that distemper*, and that after a treatment of two months, received at the hands of Dr. Maurice

Deutsch, residing at N° 62 Pleasant Street, in this City, I am completely cured and am enjoying my previons health. *W. K. Cohn*.

State of Connecticut, city and County of Hartford. May 21, 1875. Then personnally appeared before me, Wm. K. Cohn, the signer of the above Certificate and made solemn oath to the truth of the matter therein contained. Chas. E. Fellowes, Notary public |L.S.| State of Connecticut, Office of Secretary of State. I hereby certifie, that Chas. E. Fellowes vas at the time of subscribing the annexed Attestation a Notary public in said State, and that the Signature of the said Chas. E. Fellowes thereto affixed is genuine. Witness my hand and the Seal of the State, at Hartford, this 3 rd day of June A. D. 1875. E. W. Spalding, Sous-Sécrétaire d'Etat, m. p. |L.S.|

CERTIFICAT Wm. K. COHN N° II
(Cure de maux d'yeux scrofuleux chroniques et de leurs complications.)
(TRADUCTION)

Je, *Wm. K. Cohn*, tenant un débit de tabac dans Allyn House, rue Asylum, et demeurant au n° 33, Church Street, à Hartford, Conn., certifie sous serment solennel, que ma fille Martha, âgée de treize ans, a souffert depuis son âge de trois ans d'yeux scrofuleux et que, il y a trois mois, sa maladie s'était aggravée par des douleurs continues et sévères dans les deux tempes, son côté gauche et les deux jambes, comme aussi par une complète perte d'ap--

pétit, et que tous ces maux ont cédé au traitement du Dr Maurice *Deutsch*, demeurant au n° 62, Pleasant Street. Signé : *Wm. K. Cohn.*

État de Connecticut, cité et comté de Hartford, 11 nov. A. D. 1874. Alors s'était personnellement présenté devant moi Wm. K. Cohn, le signataire du certificat ci-dessus et a fait un serment solennel sur la véracité de la matière par lui signée. Certifie, L.-E. Hunt, Notaire public, m. p. |L.S.|

Je certifie par ceci que L. E. Hunt était, à l'époque où il signait l'attestation annexée, notaire public dans ledit État, et que la signature du nommé L.-E. Hunt y affixée est véritable. Témoin ma main et le sceau de l'État, à Hartford, ce 17me jour de Décembre, A. D. 1874. Signé, F.-W. Spalding, Sous-Secrétaire d'État. |L.S.|

Vu pour la légalisation de la Signature de M. F.-W. Spalding, Sous-Secrétaire d'État pour l'État de Connecticut, États-Unis d'Amérique. Paris, le 20 février 1888. Le Consul général des États-Unis d'Amérique, J.-L. Rathbone, m. p |L.S.| — Le Ministère des Affaires Étrangères certifie véritable la signature de M. Rathbone. Paris, le 29 février 1888. Pour le Ministre, pour le Chef de bureau délégué. Signé : Corpel, m. p. |L.S.|

CERTIFICAT Wm. K. COHN N° II
(Cure de maux d'yeux scrofuleux chroniques et de leurs complications.)

(ORIGINAL ANGLAIS)

I, *Wm. K. Cohn,* Keeping à Tobacco Store at the Allyn House, in Asylum Street, and residing at No. 33, Church Street, in Hartford, Conn., attest under solemn oath that my daughter, Martha, aged thirteen years, has suffered since she was three years old, from scrofulous eyes, and that three months ago her di sease had become aggravated by continuous and very severe pains in both temples, her left side and both legs, and also a perfect loss of appetite, and that all these complaints have perfectly ceded to the treatment of *Dr. Maurice Deutsch*, residing at No. 62 Pleasant Street. *Wm. K. Cohn.*

State of Connecticut, City and County of Hartford, Nov. 11, A. D. 1874. Then personally appeared before me, Wm. K. Cohn, the signer of the above certificate and made solemn oath to the truth of the matter by him subscribed. Attest, L. E. Hunt, Notary public. ☐ L.S. ☐

I hereby certifie that L.-E. Hunt was at the time of subcribing the annexed attestation a Notary public in said State, and that the signature of the said L.-E. Hunt thereto affixed is genuine. Witness my hand and the seal of the State, at Hartford, this 17th day of December A. D. 1874. F. W. Spalding, assistant Secretary of State ☐ L.S. ☐

Vu pour la légalisation de la Signature de M. F. W. Spalding, Sous-Secrétaire d'État pour l'État de Connecticut, États-Unis d'Amérique. Paris, le 29 février 1888. Le Consul général des États-Unis d'Amérique, J. L. Rathbone m. p. ☐ L.S. ☐ — Le Ministre des Affaires Étrangères certifie véritable la signature de M. Rathbone. Paris, le 29 février 1888. Pour le Ministre, pour le Chef de bureau délégué. Signé : Corpel. m. p. ☐ L.S. ☐

TRADUCTION CERTIFICAT COTTER
(Cure de maladie de foie compliquée.)

Je, *John Cotter,* Portier au Quartier Général de
la Police de Hartford, Connecticut, certifie sous serment que ma fille Mary E. Cotter, âgée de huit
ans, a été souffrante pendant plus d'une année de
douleurs dans le foie, et que son affection s'est graduellement développée en une maladie, causant un
hurlement continu jour et nuit, et consistant dans
d'insupportables douleurs sur le côté du foie et dans
la région des reins, en outre, dans une violente co-
queluche, incapacité des yeux à supporter la lumière,
sensibilité par tout le corps, insomnie et répugnance
pour toute espèce de nourriture, — et que, après
que quatre des plus habiles et renommés Médecins
de la Ville avaient vainement essayé de toute leur
habileté et avaient prononcé l'impossibilité d'empêcher une issue fatale de la terrible maladie, le Docteur *Maurice Deutsch,* résidant, 62, Pleasant Street, a
radicalement guéri mon enfant, et très promptement
rétabli sa parfaite santé. Signé : *John Cotter,* 34, John
Street, Hardford.

Etat de Connecticut, Ville et Comté de Hartford. Septembre 29, A. D. 1874. — Alors et personnellement apparut
devant moi John Cotter, le signataire du Certificat ci-
dessus, et a prêté serment solennel concernant la véracité

de la matière signée par lui. Atteste, Albert N. Hatheway, Notaire public. |L.S.| — Etat de Connecticut, Bureau du Secrétaire d'Etat. Je certifie par la présente que Albert V. Hatheway était, à l'époque où il signait l'attestation annexée, Notaire public dans le nommé Etat, et que la Signature du nommé Albert N. Hatheway, y affixée, est véritable. Témoins ma main et le Sceau de l'Etat, à Hartford, ce 17ᵐᵉ jour de décembre, A. D. 1874. Signé : F. W. Spalding, Sous-Secrétaire d'Etat. |L.S.|

ORIGINAL CERTIFICAT COTTER
(Cure d'une maladie de foie compliquée.)

1, *John Cotter*, Janitor at Police Headquarters, of Hartford, Connecticut, attest under oath, that my daughter Mary E. Cotter, aged eight years, has been suffering for more than a year with pains in the liver, and that her complaint has by degrees matured into a disease, causing continous howling day and night, and consisting in unbearable pains on the side of the liver and in the region of the kidneys, also a violent hooping cough, incapacity of the eyes to bear the light, soreness all over the body, sleeplessness and repugnance for every kind of food, and after four of the most skillful and renowned physicians of this city had vainly tried their skill and had pronounced the impossibility to ward off a fatal issue of the terrible malady, Dr. *Maurice Deutsch*, residing at 62, Pleasant Street, has radically cured my child and

very promptly restored her to perfect health, Signé :
John Cotter, 34 John Street, Hartford.

State of Connecticut, city and County of Hartford. —
September 29 [th] A. D. 1874. Then personnally appeared
before me, John Cotter, the signer of the above Certificate,
and made solemn oath to the truth of the matter by him
subscribed, Attest Albert N. Heatheway, Notary public.
[L.S.] — State of Connecticut, Office of Secretary of State.
I hereby certify, that Albert N. Hatheway, was at the
time of subscribing the annexed attestation a Notary
public in said State, and thas the Signature of the said
Albert N. Hatheway, thereto affixed, is genuine. Witness
my hand and the seal of the State, at Hartford, this 17 th
day of December A. D. 1874. F. W. Spalding, Assist.
Secrety. of State. [L.S.]